Zuhal Soyhan

Ungebrochen

Mein abenteuerliches Leben mit der
Glasknochenkrankheit

Patmos Verlag

VERLAGSGRUPPE PATMOS

PATMOS
ESCHBACH
GRUNEWALD
THORBECKE
SCHWABEN

Die Verlagsgruppe
mit Sinn für das Leben

Einige Namen im Buch wurden geändert,
um Persönlichkeitsrechte zu wahren.

Für die Schwabenverlag AG ist Nachhaltigkeit ein wichtiger Maßstab ihres Handelns. Wir achten daher auf den Einsatz umweltschonender Ressourcen und Materialien. Dieses Buch wurde auf FSC®-zertifiziertem Papier gedruckt. FSC (Forest Stewardship Council®) ist eine nicht staatliche, gemeinnützige Organisation, die sich für eine ökologische und sozial verantwortliche Nutzung der Wälder unserer Erde einsetzt.

Bibliografische Information der Deutschen Nationalbibliothek
Die Deutsche Nationalbibliothek verzeichnet diese Publikation in der Deutschen Nationalbibliografie; detaillierte bibliografische Daten sind im Internet über http://dnb.d-nb.de abrufbar.

Umschlaggestaltung: Finken & Bumiller, Stuttgart
Umschlagabbildung: © Conny Marx
Druck: CPI – Ebner & Spiegel, Ulm
Hergestellt in Deutschland
ISBN 978-3-8436-0145-0

Für meinen Bruder Yalcin

Inhalt

Ein Erdbeben mit Folgen

Das Erdbeben ereignete sich am späten Nachmittag und dauerte nur wenige Sekunden. Die meisten Menschen hielten sich im Freien auf, und so war die Zahl der Getöteten und Verletzten verhältnismäßig niedrig. Für eine Familie allerdings, die sieben Stunden unter den Trümmern nach ihrem Kind suchte und es schließlich nur leblos bergen konnte, war das natürlich kein Trost. Nachbarn und Familienangehörige waren herbeigeeilt, um der jungen Mutter, die allem Anschein nach gerade eines ihrer Kinder verloren hatte, beizustehen. Weinend standen die Frauen um das Kind herum: »Wir sollten sie wenigstens noch waschen, bevor wir sie beerdigen«, sagte eine der Frauen.

Der Islam gebietet es, dass ein Leichnam so bald wie möglich nach dem Tod, spätestens jedoch am nächsten Tag beerdigt sein muss. Behutsam säuberten sie das kleine Gesicht von Ruß und Staub mit Wasser, als das Mädchen plötzlich die Augen aufschlug und wie am Spieß zu brüllen begann. »Emel, dein Kind lebt«, riefen die Frauen, dankten Allah für dieses Wunder und vergossen Tränen der Freude.

Die Frau, die ihr Glück kaum fassen konnte, weil sie Minuten vorher noch um ihr Kind getrauert hatte, war meine Mutter, und das kleine Mädchen, das sich ins Leben zurückbrüllte, war ich. Ich hatte offensichtlich noch nicht vor, mit gerade einmal drei Jahren schon zu sterben. Und das war die beste Entscheidung, die ich je getroffen habe.

Es war ein heißer Tag. Meine Mutter war mit den beiden Zwillingen, meiner großer Schwester und mir alleine zu Hause. Mein großer Bruder Yalcin war bei Nachbarsjungen spielen. Ich erinnere mich daran, wie mich meine Mutter aus dem Fenster hob und auf den Balkon setzte, den man nur erreichte, wenn man durch ein Fenster kletterte. Seltsamer Bau, aber so war das. Meine Mutter wollte die Zwillinge Aykut und Baykut ebenfalls auf den Balkon holen, um dann mit uns zu spielen. Doch dazu sollte es nicht mehr kommen.

»Von einer Sekunde zur nächsten wackelte das ganze Haus, und ich dachte, wir alle würden das nicht überleben«, erinnert sich meine Mutter noch heute. Damals gelang es ihr trotz großer Panik, die Zwillinge und meine Schwester Yücel, die wie angewurzelt stehen blieb, aus dem Haus zu bringen. Schließlich wollte sie mich holen, doch in der Zwischenzeit hatten mich Teile des Daches und der Kamin bereits unter sich begraben. Ich hatte Glück: Durch herabstürzende Steine entstand ein Hohlraum, der mich einschloss. So wurde ich von den Trümmern nicht erschlagen. Die herbeigeeilte Familie war einen Moment erleichtert, als sie meine Mutter und meine Geschwister vor dem Haus sitzen sah. Bis meinem Onkel Yüksel auffiel, dass ich fehlte. Meine Mutter stand noch unter Schock und konnte nicht genau sagen, wo ich war. Die beiden Onkel liefen in den ersten Stock und fingen an, mich zu suchen. Mit bloßen Händen gruben sie nach mir, bis sie mich schließlich unter den Ziegelsteinen fanden und nach draußen brachten.

Als klar war, dass ich am Leben, aber schwer verletzt war, brachten sie mich ins Krankenhaus. Ich hatte mir ›nur‹ sämtliche Knochen gebrochen, lebensbedrohlich verletzt, glaubte der Arzt, sei ich nicht. Arme und Beine wurden notdürftig verbunden und meine Mutter mit mir wieder nach Hause geschickt.

Mein Vater war an diesem Tag nicht anwesend. Er saß im Gefängnis. Nicht weil er ein Verbrechen begangen hatte, sondern wegen ungeklärter Streitereien, die sich im Nachbardorf ereignet hatten, wo er, gemeinsam mit seinem Cousin, für ordentlich Krawall gesorgt hatte. Der ›Sheriff‹ vor Ort machte mit den Raufbolden stets kurzen Prozess und sperrte sie einfach über Nacht ein, bis sich die erhitzten Gemüter wieder beruhigten. Mein Vater hatte einen ausgeprägten Gerechtigkeitssinn und war sofort zur Stelle, wenn irgendjemandem Unrecht geschah. War die Gegenseite nicht einsichtig, konnte es durchaus zu handfesten Auseinandersetzungen kommen, da war mein Vater nicht gerade zimperlich. Und diesen Streit konnte man ganz offensichtlich nicht mit Worten schlichten. Er war von der Statur her ein eher kleiner Mann und musste, wollte er seinen Kinnhaken gezielt setzen, schon mal dabei hochspringen. Diese Geschichte erzählt mein Onkel, wann immer es sich ergibt, noch heute so vergnügt, dass ihm die Tränen vor Lachen herunterrollen.

Als mein Vater schließlich am nächsten Tag nach Hause zurückkehrte, hatte sich die Aufregung um mich bereits gelegt, von den dramatischen Minuten, die meine Mutter durchgemacht hatte, hatte er nichts mitbekommen. Natürlich machte er sich große Vorwürfe, dass er während des Erdbebens nicht bei uns war.

In den folgenden Tagen brachten mich meine Eltern zu einem sogenannten Knochenexperten – das waren meist ältere Herren, die sich auf das Schienen von gebrochenen Beinen und Armen spezialisiert hatten. Welchen beruflichen Hintergrund sie letztendlich hatten, wusste niemand so genau und niemand fragte danach. Man war froh, dass sich überhaupt jemand mit Knochenbrüchen auskannte und man sich so die weite Reise – die allerwenigsten besaßen ein Auto – in die

Stadt zum Arzt sparen konnte. Außerdem fühlten sich Ärzte ohnehin nicht zuständig für gebrochene Arme und Beine. Uns wurde also ein sehr kompetenter Knochenexperte empfohlen, der ziemlich brutal zu Werke ging. Weil meine Arme und Beine völlig deformiert waren, musste er mir die Knochen erneut brechen – so war sein Plan –, um sie ›richtig‹ zu schienen, damit sie gerade zusammenwachsen konnten. Was aber in meinem Fall absolut nicht funktionierte. Denn auch nach seiner ›Behandlung‹ sahen die Knochen nicht besser aus. Meine Arme und Beine hatten sich verformt wie Wachs.

Nach ein paar Wochen brachten sie mich zu einem ›richtigen‹ Arzt, der mehr als überfordert mit mir war. Er wusste nicht, wie er mich behandeln sollte, denn so verbogene Knochen hätte er überhaupt noch nie gesehen. Seiner Meinung nach könne man da nichts machen. Auch eine Operation sei zwecklos, denn das, was ich da hatte, waren keine normalen Knochenbrüche und noch weniger normale Knochen, und für unnormale Knochen fühle er sich nicht zuständig. Er riet dazu, einfach alles so zu lassen, wie es war, das würde schon irgendwie verheilen. Allah hätte sich schon etwas dabei gedacht, als er mich so erschaffen hatte. Schließlich überließ man mich meinem Schicksal und den Launen meiner Knochen, die zusammenwuchsen – irgendwie.

Bis zu diesem Erdbeben (1969) war ich ein ganz normales Kind. Zwar war ich schon immer kleiner und zarter als meine Geschwister und die Kinder aus der Nachbarschaft, aber Knochenbrüche hatte ich bis dahin nicht, und ich konnte ganz normal laufen, wie jedes andere Kind auch. Nichts deutete darauf hin, dass irgendetwas mit mir nicht stimmte.

Nach dem Erdbeben war alles anders: Meine Beine waren so krumm, dass ich nicht mehr darauf stehen, geschweige denn laufen konnte. Ich bewegte mich fortan nur noch robbend, auf dem Hosenboden sitzend fort.

Meine vier Geschwister und ich lebten mit meinen Eltern in einem kleinen Haus in Adapazarı, einer damals noch sehr kleinen Stadt im

Norden der Türkei. Wir wuchsen mit Tanten und Onkel in einer sehr großen Familie auf. Erzogen und umsorgt wurden wir Kinder von der ganzen Straße, auf der sich das Leben aller abspielte. Verschlossene Türen gab es nicht. Abends mussten die Frauen ihre Kinder bei Nachbarn oder Tanten wieder einsammeln, um sie ins Bett zu bringen.

Ich war meistens bei einer Nachbarin anzutreffen, die selbst keine Kinder hatte und mich entsprechend verwöhnte. Dieser Frau soll ich einmal die Frage gestellt haben, warum sie denn keine eigenen Kinder habe. Daraufhin fing sie vor Rührung zu weinen an, ich heulte gleich mit und versprach, dass ich immer auch ein bisschen ihr Kind bleiben werde, vorausgesetzt natürlich, meine Mutter wäre damit einverstanden. Sie solle nicht mehr traurig sein, denn jetzt hätte sie ja mich – ein bisschen wenigstens. Von da an sei ich dieser Frau nicht mehr von der Seite gewichen.

Ich hatte eine sehr glückliche und behütete Kindheit – uns fehlte es an nichts. Bis zu jenem Tag, als sich die Erde auftat und sich unser aller Leben von einer Sekunde auf die andere veränderte. Ich frage mich oft, was aus mir, aus uns geworden wäre, hätte es dieses Beben nicht gegeben. Für mich war das Erdbeben, so brutal sich das auch anhören mag, ein echter Glücksfall, denn mit einer so schweren Behinderung, wie ich sie habe, hätte ich in der Türkei ein sehr armseliges und beschwerliches Leben geführt. Meine Eltern waren zwar für türkische Verhältnisse offene und moderne Menschen, die sich für die Familie engagierten und sehr gut für uns sorgten. Meine Behinderung hätten sie aber durch nichts kompensieren können, damit hätte man sie alleingelassen. Es gab keine Förderung oder Integrationskampagnen für behinderte Kinder. Fraglich, ob ich je in die Schule hätte gehen können – wohl kaum.

Anfang bis Mitte der 1960er Jahre kam auch bei uns in Adapazarı die Nachricht an, dass Deutschland seine Tore weit für die Gastarbeiter aus der Türkei geöffnet habe und jeder dort gutes Geld verdienen könne und herzlich willkommen sei. Von da an gab es kein anderes Thema mehr. Jeder überlegte, ob er diese Chance nicht für sich nutzen sollte.

»Es war eine seltsame Aufbruchstimmung. Jeden Tag verkündete ein anderer Freund, Nachbar, Bekannter, dass er in die Fremde gehen würde«, erzählt meine Mutter heute. Menschen ohne Arbeit freuten sich über diese Perspektive und auf die Aussicht auf ein bisschen Wohlstand. Andere – zumeist die Frauen – nahmen diese Nachricht nicht nur positiv auf. Die wenigsten wollten, dass ihre Männer nach Europa gingen, aus Angst, sie würden nicht mehr zurückkehren.

Meine Mutter sah dem Treiben gelassen zu. Sie hatte keine Sorge, dass auch sie dieses ›Schicksal‹ ereilen könnte, denn die Notwendigkeit, aus wirtschaftlicher Not heraus auszuwandern, bestand ganz und gar nicht. Wir waren gut situiert, gemeinsam mit seinen Brüdern betrieb mein Vater eine kleine Schneiderei, in der sie Hemden, Schlafanzüge und Sonstiges für den gutgekleideten Mann entwarfen und herstellten. Der kleine Betrieb lief gut und ernährte die Familien.

Trotzdem galt es als ›in‹, wenn man die Heimat verließ, um irgendwo in Deutschland Fuß zu fassen. Für viele junge Männer war das eine willkommene Gelegenheit und oftmals ihre Hauptmotivation – raus, etwas Neues sehen und vor allem aller Welt und sich selbst beweisen, dass man es schaffen kann.

Mein Vater hatte zwei Schwestern und fünf Brüder. Einer davon war mein gutaussehender und reisefreudiger Onkel Yüksel. Gemeinsam mit seinem jüngeren Bruder bereiste er bereits Ende der 1950er Jahre Deutschland und lernte auf dem berühmten Oktoberfest in München seine Sybille, eine blonde Frau aus Wuppertal, kennen und verliebte sich in sie. Kurze Zeit später brachte Onkel Yüksel seine neue Perle mit in die Heimat, um der Familie seine künftige Frau vorzustellen. Für Onkel Yüksel war die Frage, ob er endgültig nach Deutschland umsiedelt, damit schon beantwortet. Für ihn stand fest: Er und Sybille werden künftig in München leben. Die Familie war zwar begeistert von Sybille, sie schlossen die fremde Frau, die durch ihre offene und quirlige Art einen neuen, einen europäischen Wind in die Familie brachte, schnell in ihre Herzen, aber dass sie unseren Onkel mit nach Deutschland nehmen würde, das passte einigen nicht. Zum Beispiel meiner Großmutter, die ein ›anständiges‹ türkisches Mädchen für ihren Sohn wollte. Natürlich nahm Onkel Yüksel darauf keine Rücksicht und heiratete seine Sybille schließlich – am Tag meiner Geburt.

Das Thema Deutschland war für unsere Familie also nichts Abstraktes mehr. Deutschland war bei uns längst angekommen, und zwar in Form von Sybille. Deshalb trauten sich der jüngste Bruder meines Vaters, Onkel Metin, und ein paar andere Männer aus der Großfamilie nach Europa zu gehen und ihr Glück in München zu suchen. Da Onkel Metin noch nicht verheiratet war, hatte die Familie auch nichts dagegen und ließ ihn ziehen. In einer Münchener Fabrik fand er einen Job, verdiente gutes Geld, und trotzdem: Dieses Europa war nichts für ihn, und so kehrte er nach ein paar Jahren wieder in seine Heimat zurück. Für die anderen Geschwister meines Vaters war Deutschland nie eine Option. Sie waren zufrieden mit ihrem Leben und hatten ihr Auskommen. Der Großteil der Familie blieb also in der Türkei. Nach Deutschland zogen nur ein paar Bekannte und Cousins meines Vaters und sehr viel später auch meine Tante Fatma, die kleine Schwester meiner Mutter.

Nach dem Erdbeben war Deutschland plötzlich auch für meinen Vater interessant geworden. Da man in der Türkei medizinisch nichts für mich tun konnte, hatte er die Hoffnung, dass die Ärzte in Deutschland mich wieder herstellen könnten. Alle Probleme wurden mit der Familie besprochen, und meistens traf mein Opa als Familienoberhaupt eine Entscheidung. Diese allerdings war so schwierig, dass er selbst keinen Rat wusste und die Entscheidung meinen Eltern überließ. Tante Sybille überzeugte meine Eltern davon, dass es für mich nur eine Lösung gab: München. Nach langen Diskussionen war klar: Dieses Kind muss nach Deutschland, und Tante Sybille hatte den Schlüssel dafür.

16

Für meine Mutter war dieser Entschluss eine Katastrophe, einzig die Aussicht auf Hilfe für mich tröstete sie. München, das war so unvorstellbar weit weg. Wie sollte sie sich in der anderen Kultur, der anderen Sprache nur zurechtfinden?

Nach langen Diskussionen und Gesprächen vertraute mein Vater schließlich seiner Schwägerin, und sie wagten ihn, diesen großen Schritt in eine fremde Welt. Damit die große Reise vorbereitet werden konnte, wurde ich zu meiner Großmutter nach Beldibe, einem winzigen Dorf unweit von Adapazarı, gebracht. Während der Fahrt zu meinen Großeltern saß ich auf dem Schoß meiner Mutter, hatte einen nigelnagelneuen rosafarbenen Mantel an und eine rote Mütze auf dem Kopf. Dass mich meine Eltern dort zurücklassen würden, wusste ich nicht, und entsprechend unglücklich war ich, als sie kurze Zeit später ohne mich wieder wegfuhren. Sie wollten dieses ›München‹ auskundschaften und sehen, ob man mir da wirklich helfen konnte, erklärten sie mir. Mein Vater flog mit Tante Sybille und Onkel Yüksel voraus. Ein paar Wochen später folgten ihnen mein Onkel Metin, meine Mutter und meine beiden Brüder Aykut und Baykut nach Deutschland. Yalcin und Yücel blieben bei meinen Tanten in Adapazarı.

Meine Großeltern waren sehr arm. Ihr Haus war klein und es hatte nicht einmal eine Haustür, die man abschließen konnte. Die Toilette war ein Plumpsklo, vor dem ich eine höllische Angst hatte. Es roch dort fürchterlich und es war gefährlich, alleine dorthin zu gehen. Wenn man so klein war wie ich, konnte man, wenn man nicht aufpasste, durch das riesige Loch direkt in die stinkende Kloake fallen. Ich verrichtete meine Geschäfte lieber außerhalb des Hauses – irgendwo, wo mich keiner sah und ich mir sicher sein konnte, nicht im Dreck zu versinken.

Meine Tante Fatma, die jüngere Schwester meiner Mutter, hatte nun die ehrenvolle Aufgabe, sich um mich zu kümmern. Meine Tante hatte wahrlich genug am Hals, und sie ließ mich deutlich spüren, dass es ihr gar nicht passte, jetzt auch noch auf mich aufpassen zu müssen. Sie war streng und fuhr leicht aus der Haut. Heute wundert mich das nicht, denn meine Tante musste hart arbeiten, ob im Haushalt, auf dem Feld, bei den Tieren – sie war den ganzen Tag auf den Beinen, es war ihr einfach zu viel, auch noch mich am Hals zu haben. Meine Großeltern unterhielten eine kleine Landwirtschaft, die aber mehr die eigene Familie ernährte, als dass sie noch zusätzlich etwas abwarf. Wenn von der Ernte doch etwas übrig blieb, verkauften sie es, ansonsten mussten meine Onkel, die ebenfalls bei meinen Großeltern lebten, dazuverdienen, um die Familie zu ernähren. Auf dem kleinen Hof gab es Schafe, einen Esel und einen wunderbaren Hund, der auf den Namen »Karabas«, schwarzer Kopf, hörte. Karabas und ich wurden dicke Freunde. Auch der Hund gehörte nicht wirklich zur Familie, er durfte nicht ins Haus und war halt einfach da. Genauso empfand ich meine Anwesenheit bei den Großeltern: Ich war halt einfach da.

Ich versuchte mich immer möglichst in der Nähe meiner Großmutter aufzuhalten und meine Bedürfnisse bei ihr anzumelden. Leider schickte sie mich oft zu Fatma. Und um bloß ihren Launen nicht ausgeliefert zu sein, hielt ich besser die Klappe. In meiner Erinnerung war das eine traurige Zeit für mich. Ich vermisste meine Eltern und Geschwister. Ich war viel alleine. Melek, ein Mädchen aus der Nachbarschaft, kam ab und zu, und wir bauten aus den abgenagten Maiskolben, die genau für diese Zwecke getrocknet wurden, allerlei Gebilde. Manchmal brachte sie ihre selbstgenähte Puppe mit.

Allmählich gewöhnte ich mich an das Leben auf dem kleinen Bauernhof. Und ich gewöhnte mich an meine Großeltern, an meine Tante Fatma, mit der ich mich heute sehr gut verstehe, und an ihre Brüder, die gar nicht mehr so streng mit mir waren und sich liebevoll um mich kümmerten. Besonders toll fand ich das gemeinsame Essen. Meistens gab es Grünkohl. Oma stellte einen riesigen Topf auf den Boden. In der Ecke knisterte das Holz im Ofen. Elektrischen Strom gab es nicht, und eine Öllampe erhellte, wenn auch nur sehr spärlich, den Raum. Die Männer kamen vom Feld, waren abgearbeitet und

18

müde. Wir alle setzten uns um den Topf herum, bekamen einen Holzlöffel und ein Stück Maisbrot. Ich bekam als Einzige einen Teller aus Holz, den ich aber nicht wollte. Ich wollte wie die Erwachsenen auch direkt aus dem Topf essen und fischte mit meinen kurzen Armen mühsam nach dem Kohl.

Das Leben spielte sich viel am Boden ab – Möbel gab es kaum. Nur ein Bett, und in dem schlief mein Opa. Jeden Abend richtete meine Oma aus den vielen Decken ein gemütliches Bett her, in das ich gerne schlüpfte und in dem ich mich sehr geborgen fühlte. Ich liebte es, auf dem Boden zu liegen, in den Kamin zu starren und dem Knistern des Ofens zu lauschen, in dem das Holz langsam verbrannte. Ich durfte neben meiner Oma schlafen, die auf vielen Kissen lag beziehungsweise saß. Das beeindruckte mich sehr und ich wollte wie sie im Sitzen schlafen, hielt das aber nicht lange durch. Wenn ich morgens aufwachte, lag ich auf einem kleinen Kissen – die anderen waren unter dem Kopf meiner Oma gelandet.

Die reinste Tortur war es, wenn ich gebadet wurde. Das Wasser wurde auf dem Holzofen gekocht, ich kam in einen großen Schober, der mitten im Zimmer stand, und los ging das Wienern meines kleinen Körpers. Entweder war das Wasser zu heiß oder zu kalt – ich schrie nach Leibeskräften, und die Oma schrie gegen mein Geschrei an – in jedem Fall war es ein riesiges Drama, sowohl für die Oma als auch für mich.

Am liebsten war ich bei den Tieren, vor denen ich überhaupt keine Angst hatte. Meistens wurde ich auf eine Decke gesetzt, die meine Oma vor dem Haus ausgebreitet hatte. Manchmal kam es vor, dass ich von Schafen umzingelt war und glückselig mittendrin saß. Besonders angetan hatten es mir allerdings die kleinen Küken. Eines Tages beschloss ich, die Fütterung der kleinen, gelben, flauschigen Tierchen selbst zu übernehmen. Ich hatte meiner Oma ja schon oft genug dabei zugesehen. Also schnappte ich mir eines der kleinen Töpfchen, die auf dem Boden standen, und robbte auf dem Hosenboden sitzend ins Freie. Gehen konnte ich mit diesen krummen Beinen ja nicht mehr und krabbeln auch nicht, denn dazu waren auch meine Arme viel zu krumm. Großzügig streute ich das weiße Pulver um mich herum aus, und zu meiner großen Freude kamen die gelben Knäuel sogleich angerannt und pickten nach den Körnern. Ich, zufrieden mit meinem Werk, robbte zurück ins Haus.

Stunden später dann ein herzzerreißender Schrei. Meine Oma fand die verendeten Küken und tobte vor Wut. Ich war mir sicher, die Küken hielten nur ein Mittagsschläfchen. Als Täterin war ich natürlich schnell überführt. Man hielt mir das Salzfass unter die Nase und fragte mich streng: »Warst du das?« Ich hatte meinen ersten Massenmord begangen, und entsprechend waren die Reaktionen darauf. Meine Oma tratschte dieses abscheuliche Verbrechen überall herum und erzählte jedem, dass es bei uns in nächster Zeit erst einmal keine Hühnchen mehr zu essen geben wird. Ich schämte mich so fürchterlich und hatte Angst, dass wir nun hungern mussten. Ich wollte die kleinen Küken natürlich niemals umbringen, sondern nur füttern.

Diese Geschichte wird mich wohl mein Leben lang begleiten, denn wann immer ich meine Tante Fatma sehe, erzählt sie davon und lacht sich halb tot. Und mir gefällt es, wie sie lacht, und dann sehe ich mich wieder vor dem Haus meiner Großmutter sitzen, umgeben von den Küken, und kann es kaum glauben, dass es meine Geschichte ist. Meine Tante ist jedes Mal verblüfft, dass ich mich noch an so viele Details aus dieser Zeit erinnern kann.

Ich fürchtete mich sehr vor dem Tag, an dem meine Eltern kommen und mich abholen würden, hatte ich mich doch an mein bäuerliches Leben gewöhnt. Ein Onkel holte mich schließlich ab, und alles Heulen, weil ich bei den Großeltern bleiben wollte, half nichts. Wir fuhren zurück nach Adapazarı. Erst als mich mein Onkel an meine Eltern, Geschwister und die vielen Tanten und netten Nachbarn erinnerte, hörte ich auf zu weinen und freute mich darauf, sie endlich wiederzusehen. Diese Freude währte aber nicht lange. Denn meine Eltern, Aykut und Baykut waren ja nicht mehr da. Sie waren ja schon nach München geflogen.

Ich wurde zum Fotografen geschleppt. Wieder zog man mir die rote Mütze und den rosafarbenen Mantel an, setzte mich auf einen Stuhl und forderte mich auf, in die Kamera zu schauen. Ich sollte einen Pass bekommen, mit dem ich dann auch nach Deutschland fliegen würde. Etwas Besonderes lag in der Luft. Und weil meine Tanten eher bedrückt als glücklich wirkten, konnte das, was vor mir lag, nichts Heilbringendes sein.

Als es dann so weit war, wurde ich einem mir völlig unbekannten ›Onkel‹ – in der Türkei ist jeder Freund der Familie gleich ein Onkel – in den Arm gedrückt. Er hatte einen riesigen Schnurrbart und stechend blaue Augen. Er war gekommen, um mich nach Europa zu bringen, weil auch er dort ein neues Leben beginnen wollte. Er trug mich und meinen kleinen Koffer aus dem Haus, und die Tanten winkten mir mit Tränen in den Augen hinterher. Vielleicht ahnten sie ja, dass sie mich für eine sehr lange Zeit nicht wiedersehen würden. Onkel Adnan und ich fuhren mit dem Bus nach Istanbul und wenig später saßen wir im Flugzeug. Ich war sehr aufgeregt, wusste mit all dem zwar nichts anzufangen, fand es aber höchst spannend. Mein Onkel sagte ständig: »Ja, kleine Zuhal, jetzt fliegen wir nach Europa.« Europa, keine Ahnung, was er damit meinte, und es war mir auch egal. Ich saß in einem Flugzeug, und nur das zählte. Ein paar Stunden später landeten wir und mein Onkel sagte hocherfreut: »So, jetzt bist du in Europa und jetzt wird alles gut. Hier machen sie dich gesund.« Er trug mich aus dem Flugzeug und durch die Passkontrolle in die Halle, wo wir auf unser Gepäck warteten. Durch die Glasscheibe konnte ich schon meine Mutter und Tante Sybille sehen, die uns ganz aufgeregt winkten und mit einem Kinderwagen bereits auf mich warteten. Endlich hatte ich sie wieder, meine Mama und meine Brüder.

Meine Schwester Yücel sollte auch in paar Wochen nachkommen. Nie nach Deutschland gekommen ist mein großer Bruder Yalcin. Meine Tanten behielten ihn quasi als Pfand in der Türkei und hofften wohl, dass wir alle bald wieder zurückkehren würden, wenn mein

Bruder bei ihnen bliebe. Dass mein Vater sich nicht gegen seine Schwestern durchgesetzt und ihn nach Deutschland geholt hat, war die größte Fehlentscheidung, die mein Vater und die Familie je getroffen haben. Denn Yalcin hat, wenn auch in sehr abgeschwächter Form, dieselbe Erkrankung wie ich. Mein Bruder ist hochintelligent und witzig – ein toller Mensch. Sein Leben wäre ganz sicher anders verlaufen, wenn auch er nach Deutschland gebracht worden wäre.

Das Schicksal meines Bruders geht mir sehr nahe. Und ich habe ihm gegenüber oft ein sehr schlechtes Gewissen, weil man mir geholfen hat und ihn zurückließ. Er wurde von uns allen verlassen und bekam seine Eltern und Geschwister nur noch einmal im Jahr zu Gesicht. Yalcin und ich sahen uns viele Jahre nicht, denn mein Vater nahm mich nie mit in die Türkei, wenn die Familie in den Sommerferien für sechs Wochen in die Heimat aufbrach. Ich wurde in der Zeit bei Bekannten oder Verwandten geparkt, bei jenen, die sich eine Reise in die Heimat nicht leisten konnten oder wollten.

Dass ich allerdings meine Lieben in der Türkei erst zwanzig Jahre später wiedersehen würde, ahnte ich in den Stunden meiner Abreise nicht. Ich glaube, dass niemand ahnte, was die große Entscheidung für ›Europa‹ wirklich bedeutete. Für mich war es das Beste, was mir passieren konnte – aber wie kam der Rest meiner Familie damit klar? Schließlich waren sie nur wegen mir nach Deutschland gezogen, was mir sehr zu schaffen machte. Ich bin mir nicht sicher, ob meine Eltern hier glücklich waren. Mein Vater und meine Mutter mussten in einer Fabrik arbeiten und sie schufteten weiß Gott wirklich sehr, sehr hart. Ich kann mich nicht erinnern, dass mein Vater oder meine Mutter auch nur einen Tag arbeitslos gewesen waren. Dieses Erdbeben und meine Behinderung hatten ihr Lebenskonzept gewaltig verändert. Ihre Zukunftspläne wurden durchkreuzt. Die meisten meiner Cousins und Cousinen haben in der Türkei studiert – wer weiß, vielleicht hätten auch meine Brüder dort eine akademische Laufbahn eingeschlagen? In Deutschland wurden sie Schlosser. Ob das wohl ihr Traumjob war?

Meine krummen Knochen sorgen für Aufsehen

Zwischen dem Erdbeben und meiner Reise nach Deutschland lagen acht Monate. Ein paar Tage nach meiner Ankunft in ›Europa‹ wurde ich in die Orthopädische Klinik in München gebracht, die für die nächsten drei Jahre mein Zuhause sein sollte.

Die Krankenschwester brachte mich in einen riesigen Schlafsaal mit vierzehn Krankenbetten. Trotz der vielen Kinder herrschte eine unglaubliche Stille im Raum. Die Betten waren nicht alle belegt, manche Kinder weinten, andere schliefen oder spielten mit ihren Puppen und sahen neugierig auf, als ich in mein Bett gelegt wurde. Meine Eltern verabschiedeten sich sehr schnell von mir. Ich fühlte mich einsam und verlassen. Ich verstand die Schwestern nicht. Sie redeten zwar mit mir, nur wusste ich nicht, was sie sagten. Ebenso die Mädchen im Zimmer. Sie stellten mir Fragen in einer Sprache, die ich nicht verstand. Das war also Europa, von dem mein Onkel so geschwärmt hatte und das mich wieder ganz gesund machen würde. Prima, dieses Europa! Ich vermisste meine Eltern und Geschwister. Ich vermisste meine Sprache, die plötzlich verschwunden war.

Da lag ich nun und wusste nicht, wo ich mich befand und was das für Menschen um mich herum waren und was ich hier sollte. Am nächsten Tag wurde ich in einen großen Saal gefahren. Ich saß in Unterhemd und Unterhose auf einem Untersuchungstisch, und um mich herum standen lauter Männer in weißen Kitteln. Sie hoben meine Arme hoch, versuchten mich auf die Beine zu stellen, legten mich hin. Drehten mich auf den Bauch, drehten mich auf den Rücken, beugten die Arme und Beine, begutachteten meine krummen Knochen, fotografierten und sprachen in einem fort. Und ich, ich sah sie mit meinen großen Augen an, hatte Angst vor ihnen, weinte, fror und verstand nicht, was sie mit mir machten. Mein kleiner Körper musste etwas schier Außergewöhnliches sein, denn warum interessierten sich so viele fremde Menschen dafür? Ich weiß nicht, wie lange diese Fleischbeschau dauerte. Erleichtert war ich erst, als ich die Schwester sah. Sie streichelte mir über den Kopf und sagte wohl irgendetwas Tröstliches, zog mich wieder an und brachte mich in den Schlafsaal zurück. Von da an hatte ich eine riesige Panik, wenn ich wieder einmal mitsamt meinem Bett aus dem Raum geschoben wurde.

Instinktiv musste ich wohl beschlossen haben, dass ich die Menschen um mich herum verstehen wollte. Anders lässt es sich nämlich nicht erklären, warum ich quasi über Nacht deutsch sprach. Eines Morgens, als die Schwester Frühstück verteilte, sagte ich: »Ich möchte bitte einen Tee.« Mein erster deutscher Satz. Die Schwester drehte sich überrascht zu mir um und bat mich diesen Satz zu wiederholen, und ich wiederholte – »ich möchte bitte einen Tee«. An diese Szene erinnere ich mich nur schemenhaft, sie wurde mir später aber sehr oft erzählt, weil die Schwester so begeistert davon war und sofort eine andere Schwester holte und mich diesen Satz wiederholen ließ. Immer und immer wieder erzählten sie, dass ich ganz plötzlich deutsch sprechen konnte. »Ich möchte bitte einen Tee« war nämlich nicht das Einzige, was ich sagen konnte. Nur dummerweise – und das ist wirklich wahr – konnte ich im selben Augenblick kaum noch türkisch sprechen. Verstehen ging noch einigermaßen, aber mir fehlten schlagartig die Worte. Sehr zum Kummer meiner Eltern, die ich nur noch mit Mühe verstand und mit denen ich kaum noch sprechen konnte.

In den drei Jahren, die ich in der Orthopädischen Klinik in München Harlaching verbrachte, musste ich jede Menge Operationen über mich ergehen lassen. Die Ärzte versuchten, die völlig schief und krumm verwachsenen Knochen, so gut es ging, wieder zu begradigen, was mit sehr großen Schmerzen verbunden war. Operationen, Schmerzen, eingegipste Arme und Beine und im Bett liegen, ohne aufstehen zu können, das war mein Alltag und wurde immer normaler für mich. Vor jeder Operation hoffte ich, Schwester Mechthild würde nachher da sein und mich sanft, wie sie war, aus der Narkose wecken. Doch meistens erwarteten mich leichte Schläge ins Gesicht, und die kamen von Schwester Euphrosyne. Sicher schlug sie nicht fest zu, aber für mich fühlten sich diese Schläge wie Fausthiebe an. Mühsam öffnete ich meine Augen und sah direkt in ihr kugelrundes Gesicht. Sie beugte sich über mich und brüllte meinen Namen, bis ich die Augen öffnete. Ihre Stimme bohrte sich unangenehm in meinen Kopf, und ihr Kinn, das mit Barthaaren übersät war, kam dabei meinem Gesicht gefährlich nahe. Schwester Euphrosyne war genau das Gegenteil von Schwester Mechthild: groß, dick, laut, grob und unglaublich streng. Sie konnte andererseits aber auch wieder sehr liebevoll sein und drückte mich manchmal so fest an ihren großen Busen, dass mir beinahe die Luft wegblieb. Aber nach einer Operation war diese Klosterschwester definitiv nicht zu ertragen. Weinte ich vor Schmerzen, tröstete sie mich nicht etwa, sondern ermahnte mich, nicht so wehleidig zu sein und mit dem Rumjammern aufzuhören, schließlich würde ich die anderen Kinder damit nur stören.

Ganz besonders wütend wurde sie, wenn ich mich nach der Narkose übergeben musste, was eigentlich immer der Fall war. Ich vertrug das Zeug einfach nicht. Früher wurde einem eine schwarze Maske ins Gesicht gedrückt, aus der dieses grässliche Gas – oder was auch immer für eine Substanz das war – in den Körper strömte und einen in den Tiefschlaf versetzte. Doch bis dahin versuchte ich verzweifelt, die Hand des Arztes oder der Schwester wegzuziehen, um diese Maske loszuwerden. Jedes Mal wurde ich panisch und wehrte mich nach Leibeskräften gegen die Narkose, bis ich endlich einschlief. Operationen waren für mich der reinste Horror. Schon Tage vorher weinte ich, bis die Ärzte die OP nicht mehr erwähnten. Aber ich merkte natürlich trotzdem, wenn mal wieder ein Termin anstand. Denn schon am Abend vorher kamen die Schwestern mit der OP-Kleidung, ich durfte nichts mehr essen und trinken. Und dann versuchten sie mir noch weiszumachen, das geschehe alles nur, weil ich morgen eine große Untersuchung vor mir hätte.

Zum Glück hat sich diesbezüglich eine Menge getan, und die Narkosen heute sind weitaus angenehmer als damals. Heute spürt man nur einen kleinen Pieks und wird sanft auf die Reise geschickt. Damals hatte ich den Geruch und den Geschmack des Narkosemittels tagelang in der Nase – wirklich widerlich. Und mir wurde regelmäßig schlecht davon. Wenn diese Übelkeit zu lange andauerte, rückte die Schwester mit einer Flasche Bier an. Sie war überzeugt, dass dieses Getränk am besten gegen meine Übelkeit hilft, und füllte mich damit regelrecht ab. Ich weiß nicht, was schlimmer war: die Übelkeit oder das Bier. Ich hatte sowieso keine Wahl, ich musste trinken, ob ich wollte oder nicht. Welches Kind kann schon von sich sagen, dass es mit fünf Jahren regelmäßig Bier getrunken hat? Bloß gut, dass ich nie suchtgefährdet war, denn sonst wäre aus mir ganz gewiss auch noch eine Alkoholikerin geworden. Das hätte gerade noch gefehlt. Mir reichten schon meine Herkunft, meine Behinderung und mein Geschlecht – ich hatte wahrlich alles, was eine Außenseiterin ausmachte.

Drei Jahre lang lag ich in der Orthopädischen Klinik in München. Bis heute weiß ich nicht, ob es medizinisch notwendig war oder man schlicht nicht wusste, wo man mich sonst unterbringen sollte. In den drei Jahren wurde ich unzählige Male operiert. Es kam gelegentlich vor, dass ich am Morgen mit einem gebrochenen Arm oder Bein aufwachte, weil ich mich im Schlaf entweder irgendwo gestoßen, mich erschreckt oder zu schnell bewegt hatte. Es reichte schon eine bloße Anstrengung oder ein etwas festerer Stoß, und schon war wieder ein Knochen gebrochen. Folglich hatte ich die meiste Zeit einen eingegipsten Arm oder ein eingegipstes Bein oder auch mal zwei eingegipste Gliedmaßen gleichzeitig. An die hundert Knochenbrüche hatte ich im Laufe meines Lebens – keinen Gips zu haben, war ungewöhnlich für mich.

Die Operationen schienen den gewünschten Erfolg gebracht zu haben, denn die Ärzte ließen eine Gehschiene für mich anfertigen, mit der ich wieder laufen lernen sollte. Ich erinnere mich an die Werkstätte im Keller der Klinik. Es roch herrlich nach Leder. Überall lagen Prothesen und Gehschienen herum. Ich musste ein paar Mal zur Anprobe dorthin, bis die Schiene fertig war und der nette Techniker begeistert sagte: »Ab heute kannst du wieder gehen.« Ich freute mich auf diese Aussicht, doch als er meine krummen Beine in die Schiene legte und sie darin festband, bekam ich große Angst, dass er vielleicht zu unvorsichtig sein könnte. Ich wusste ja, wie schnell meine Knochen brachen. Jedes Mal, wenn er mich fragte, ob es mir wehtat, sagte ich vorsichtshalber »ja«. Ich war also in die Schiene gepackt, die bis zur Hüfte reichte und am Becken mit dicken Gurten zusammengebunden wurde. Stehen konnte man mit diesem starren Ding, aber konnte man damit auch sitzen? Ich fand das Gerüst um mich herum mehr als bescheiden.

Der Techniker stellte mich mit meinen neuen Schienen auf den Boden. Ich musste mit einem Bügel unter meinen Füßen auftreten, der am Ende der Schienen angebracht war. Die Dinger waren steif und schwer – ich wusste nicht, wie ich damit je laufen lernen sollte.

Das Gehen wurde, wie erwartet, unheimlich mühsam. Ich stand wie angewurzelt, war nicht in der Lage, ein Bein vor das andere zu setzen, und ruderte mit den Armen, um das Gleichgewicht zu halten. Ärzte und Techniker sahen ein, dass ich damit unmöglich gehen konnte, also bekam ich einen Gehwagen, auf den ich mich stützen und so die Beine bewegen sollte. Der Gehwagen hatte einen kleinen Sitz, für den Fall, dass mir das Stehen zu anstrengend wurde. Jeden Tag kam eine Krankengymnastin vorbei, um mit mir zu üben. Schließlich durfte ich ohne Aufsicht laufen. Anstatt mit der Gehhilfe vernünftige Schritte zu machen, hing ich über dem Wagen und schob mit beiden Beinen das Gerät an. So konnte ich eine wunderbare Geschwindigkeit erzielen und raste quietschfidel und gutgelaunt an den Schwestern, Ärzten und Patienten vorbei die langen Gänge entlang. Und alle riefen mir hinterher: »Nicht so schnell, Zuhal, pass auf, sonst fällst du noch.«

Eines Tages passierte es dann schließlich auch. Ich stolperte, der Wagen kippte und ich fiel so unglücklich auf ihn drauf, dass ich mir beide Beine gleich mehrfach brach. Ich schrie und flehte die Schwester an, bloß nicht Doktor Marzen zu rufen. Ich fürchtete mich vor ihm. Wenn er kam, hatte das meist nichts Gutes zu bedeuten. Entweder stand wieder eine OP an, oder er musste einen gebrochenen Knochen behandeln – in jedem Fall hatte sein Erscheinen mit Schmerzen zu tun. Mein ganzes Flehen half nichts. Dr. Marzen war bereits alarmiert und auf dem Weg zu mir. Ich rechnete mit einer seiner üblichen Standpauken, aber ganz zu meiner Überraschung sagte er nur: »Ja, die Beine müssen wir eingipsen. Vielleicht passt du ja das nächste Mal dann besser auf.« Beide Beine waren gebrochen und es dauerte wieder ewig, bis die Knochen verheilt waren. Und wieder lag ich wochenlang im Bett.

Vorbei waren meine Ausflüge ins Nachbarzimmer, ins Schwesternzimmer oder meine Stippvisite bei den Ärzten. Vorbei auch der Blick aus dem großen Fenster, von dem man auf den Eingang der Klinik sehen konnte und von dem aus ich wildfremden Menschen zuwinkte, die kamen und gingen. Zum Glück gab es die gute alte Tante Ilse. Sie war Kindergärtnerin und kümmerte sich um uns kleine Patienten auf der Station. Jeden Morgen kam sie in das Krankenzimmer, um zu fragen, womit wir denn heute spielen wollten. Manchmal setzte sie sich auch zu einem Kind ans Bett und spielte mit ihm. Sie hatte nämlich die Hoheit über das sogenannte Spielzimmer. Das war ein Raum, der bis zur Decke mit Spielsachen vollgestopft war. Puppen in jeder Größe, Puppenstuben, Autos, Kaufläden, Puzzles, Schmusebären, Bücher und, und, und... Ein wahres Eldorado. Kinder, die ihre Betten verlassen konnten, durften sich im Spielzimmer frei bedienen. Anderen wurden die Spielsachen direkt ans Bett geliefert. Besonders begehrt waren die Puppenstuben mit all den vielen kleinen Möbelstücken und den Figuren. Immer, wenn ich mal wieder wegen einer OP oder einem Gipsbein im Bett bleiben musste, durfte ich meine Bestellung als Erste aufgeben. Einen Vorteil sollte mein Daueraufenthalt im Krankenhaus ja schließlich auch haben. Und ich, ich wollte immer nur eins: eine Puppenstube. Damit konnte ich mich stundenlang beschäftigen und war jedes Mal so versunken in mein Spiel, dass ich die Zeit völlig vergaß und enttäuscht aufblickte, wenn Tante Ilse die Spielsachen am Nachmittag wieder einsammelte. Wie gerne hätte ich eine eigene Puppenstube gehabt, eine nur ganz für mich alleine.

Eines Tages ging mein Wunsch sogar in Erfüllung. Es war Weihnachten, und dieses Weihnachten sollte ich ganz alleine in diesem riesigen Schlafsaal verbringen, denn kein anderes Kind war so schwer krank, dass es auf der Station bleiben musste. Und so wurden sie allesamt abgeholt und verbrachten Weihnachten zu Hause bei ihren Familien. Zu mir kam das Christkind natürlich auch. Ich bekam ein Kasperle, einen Schlafanzug und Buntstifte. Und leihweise jenes traumhafte, riesengroße, mehrstöckige Puppenhaus, in dem man die Lichter einschalten konnte, in dem es eine Treppe gab, fließendes Wasser und viele, viele Details. Ich war selig vor Glück. Mit so einem phantastischen Spielzeug ließen sich die paar Feiertage gut alleine aushalten. Ich konnte so lange damit spielen, wie ich wollte. Auch nachts durfte ich es behalten und die Beleuchtung des Hauses quasi als Nachtlicht anlassen.

Ein paar Tage später wurde das Haus wieder abgeholt, denn Weihnachten war vorbei und die anderen Kinder kamen zurück. Manche hatten ein kleines Geschenk für mich mitgebracht, und über eines freute ich mich ganz besonders. Ich bekam mein erstes Buch geschenkt: »Lotta zieht um« von Astrid Lindgren. Bis heute mein liebstes Kinderbuch. Schwester Mechthild musste mir jeden Abend eine Seite vorlesen, und das tat sie sogar dann, wenn sie für ein anderes Zimmer eingeteilt war. Kurz vor Dienstschluss huschte sie zu mir ans Bett und verriet mir, wie die Geschichte weiterging. Sie las sie mir immer und immer vor, bis ich die Sätze schließlich auswendig mitsprechen konnte.

Meine Eltern besuchten mich nicht oft. Und wenn sie kamen, brachten sie einen Pulk von Leuten mit. Onkel, Tanten, Nachbarn fielen in mein Zimmer ein und verschwanden nach sehr kurzer Zeit wieder. Aber Onkel Yüksel und Tante Sybille waren treue Besucher an meinem Krankenbett. Einmal fragte mich mein Onkel, was er mir denn bei seinem nächsten Besuch mitbringen sollte. Und ich sagte, ich wolle einen kleinen Fernseher. Ein paar Wochen später schleppte er ein kleines Schwarzweißgerät an. Ich war wahnsinnig enttäuscht, weil ich einen kleinen, roten Plastikfernseher erwartet hatte. Nämlich genauso einen, wie ihn meine Bettnachbarin hatte. Einen kleinen Fernseher, den man gegen das Licht halten musste und mit dem man durch Betätigen eines kleinen weißen Knopfes Micky-Maus-Bilder ansehen konnte. Der echte Fernseher meines Onkels hatte natürlich ebenso seine Vorteile. Er machte mich nämlich zur Heldin der Kinderstation, denn fortan durften wir jeden Nachmittag eine halbe Stunde fernsehen.

In all den Jahren waren mir die Ärzte und Schwestern, besonders Dr. Marzen und Schwester Mechthild sehr ans Herz gewachsen. Wenn meine Eltern und meine Brüder mich besuchten, freute ich mich zwar sehr, besonders über meine Brüder, aber sie wurden mir immer fremder. Ich hatte nicht nur meine Tanten und all jene, die mir am Herzen lagen und die ich in der Türkei zurückgelassen hatte, verloren, ich verlor auch nach und nach meine Eltern und meine Geschwister. Auch wenn ihre Absicht, mich in die Klinik zu bringen, nur die beste war, stand für mich fest: Sie wollen mich nicht mehr. Denn alle Kinder durften nach kurzer Zeit wieder nach Hause, nur ich nicht. Meine Ersatzfamilie war das Klinikpersonal. Wenn Dr. Marzen wieder einmal eine Operation ankündigte, gipste er zum Trost auch jedes Mal einen Arm oder ein Bein meiner Puppe ein, was mir sehr gut gefiel und auch ganz bestimmt einen psychologischen Effekt auf meine Genesung hatte.

Besonders gerne hatte ich Schwester Mechthild, eine ganz feine, fromme, kleine, ältere Klosterschwester. Meist war sie auf der Männerstation eingeteilt und leider nicht allzu oft für uns Kinder zuständig. Sie war eine unglaublich gütige, sanftmütige und liebevolle Frau mit einem verschrumpelten Gesicht. Das Rascheln ihres bodenlangen Habits faszinierte mich, und jedes Mal, wenn sie das Zimmer betrat, war ich mucksmäuschenstill, um dieses Rascheln genau hören zu können. Einmal fragte ich sie, ob sie ein Engel sei. Sie lächelte und antwortete, nicht sie sei der Engel, sondern ich, zeichnete mir, wie immer, wenn sie zu mir kam, ein Kreuz auf die Stirn und sprach dazu die Gebetzeile: »Im Namen des Vaters, des Sohnes und des Heiligen Geistes. Gott segne dich, mein liebes Kind.« Ich verstand zwar nicht so recht, was das zu bedeuten hatte, aber es gefiel mir und es beruhigte mich.

Schwester Mechthild holte mich oft aus dem Krankenzimmer, besonders dann, wenn die Kinder Besuch bekamen und ich nicht. Ich durfte ihr bei der Arbeit zusehen, wenn sie die Medikamente für die anderen Patienten zusammenstellte. Manchmal setzte sie mich auch auf den Essenwagen und ich durfte dabei sein, wenn die Tabletts verteilt wurde. Das Größte aber waren die Gottesdienste am Sonntag in der hauseigenen Kapelle, zu denen sie mich immer mitnahm. Morgens kam sie mit einem riesigen Rollstuhl, wickelte mich in eine Decke, damit ich nicht fror, setzte mich in das Gefährt, und ab ging es. Diese Gottesdienste besuchten auch viele ältere Herrschaften aus der Gegend, nicht nur die Schwestern und Patienten der Klinik. Mich faszinierte der riesige, hohe Raum. Die Deckenbemalung, die vielen Engel in Gold, Maria mit ihrem Jesuskind auf dem Arm, der mächtige Altar, die knarrenden Bänke, die Stille und die Lieder, die gesungen wurden. Natürlich verstand ich von all dem nichts – noch nichts. Und irgendwann konnte ich das »Vaterunser« und andere Gebete mitsprechen. Obwohl mich die Messe an sich total langweilte, war der Kirchenbesuch eine tolle Abwechslung. Bei allzu großer Langeweile blätterte ich im Gebetbuch. Ich konnte zwar nicht lesen, aber das Papier war so herrlich dünn und das Blättern machte mir großen Spaß. Wenn ich mich allerdings zu sehr dem Büchlein widmete, legte Schwester Mechthild von hinten ihre Hand auf meine Schulter, eine stille Ermahnung, mich auf den Pfarrer zu konzentrieren. Ich verstand kein Wort von seiner Predigt, aber nach und nach kannte ich den Ablauf der Messe und wusste: Gleich bringen die Messdiener die Hostien, der Pfarrer würde sie segnen, und wenn er sich vom Altar wieder zu den Menschen drehte, würden sie aufstehen, nach vorne gehen, ihre Hände falten und sich die Hostien auf die Zunge legen lassen. Dann kam der Pfarrer nach vorne, zu all jenen, die nicht zu ihm gehen konnten, und verteilte ebenfalls das heilige Brot.

Anfangs hielt auch ich mich bereit, faltete meine Hände und streckte ihm mein Gesicht entgegen, um die Hostie zu empfangen. Nachdem er aber regelmäßig an mir vorbeiging, war mir bald klar, dass ich nicht zu dem erlauchten Kreis gehörte und dass ich nie eine Hostie bekommen würde, warum auch immer. Dabei hätte es mich wirklich sehr interessiert, wie dieses weiße Etwas schmeckt. Irgendwann kümmerte mich das aber nicht mehr, denn meine Stunde schlug nach der Messe. Nachdem mich Schwester Mechthild ein paar Mal mitgenommen hatte und ich fortan jeden Sonntag in die Kirche durfte, brachten mir einige ältere Damen Süßigkeiten oder Spielsa chen mit, die sie mir nach der Messe in den Schoß legten. Dafür durften sie mich gerne tätscheln, meine großen braunen Augen bewundern oder mir über mein schönes schwarzes, türkisches Haar, das sie so faszinierte, streichen. Ich bedankte mich artig und dann schob mich Schwester Mechthild mit meiner dicken Beute im Schoß vorbei an einer kleinen feuerfesten Tür, die mich magisch anzog und von der ich den Blick gar nicht lassen konnte und auf die ich so lange starrte, bis ich den Kopf nicht mehr weit genug drehen konnte. Ich hätte so gerne gewusst, was sich hinter dieser Tür verbarg, denn nie sah ich jemanden hineingehen oder herauskommen.

Nachdem wir wieder auf der Station augekommen waren, ermahnte mich Schwester Mechthild, meine Süßigkeiten auch ja mit den anderen Kindern zu teilen. Es sei Sünde, wenn man alles für sich behielt. Warum war es bei mir Sünde, wenn ich die Leckereien für mich behielt, und bei den anderen Kindern, die von ihren Eltern beschenkt wurden, nicht? Ich sah das überhaupt nicht ein, wollte Schwester Mechthild aber auch nicht enttäuschen und entschied mich daher, einen winzigen Teil meiner Beute abzugeben. Den Rest behielt ich für mich, als Ausgleich sozusagen. Schließlich bekam ich von meinen Eltern zwar Spielsachen, Obst oder etwas zum Anziehen geschenkt, Süßigkeiten brachten sie jedoch selten mit. Sie glaubten nämlich, dass das verboten war.

Königliche Landesanstalt für krüppelhafte Kinder

Seit Tagen herrschte auf der Kinderstation große Aufregung. Es kursierte das Gerücht, dass ich nun entlassen und in die Schule gehen würde. Immerhin war ich schon fast acht Jahre alt und konnte noch immer nicht lesen und schreiben. Es war also höchste Eisenbahn für mich. Trotzdem war mir das Ganze suspekt. Ich schwankte zwischen Freude, Angst und Verwunderung. Hatte mein Onkel nicht gesagt, dass wir, sobald ich gesund bin, wieder alle in die Türkei zurückkehren würden? War ich also wieder gesund, obwohl ich nicht richtig laufen konnte?

Die behandelnden Ärzte hatten festgestellt, dass ich nicht nur ein Erdbebenopfer war, sondern dass ich eine schwere Behinderung hatte: »Osteogenesis imperfecta«, die sogenannte Glasknochenkrankheit. Sie hatten meinen Eltern klargemacht, dass ich nicht normal wachsen würde und dass meine Knochen immer die Tendenz haben würden, schon bei kleineren Belastungen zu brechen, dass ich irgendwann im Rollstuhl sitzen werde und dass ich ein Leben lang mit dieser Behinderung zurechtkommen müsse, weil es keine Heilung gebe. Meine Eltern beschlossen daraufhin, für immer in Deutschland zu bleiben. Von dieser Entscheidung hatten sie mir aber nichts gesagt, ich war fest davon überzeugt, dass wir wieder in die Türkei zurückkehren würden – und nun sollte ich in Europa auch noch in die Schule?

Schwester Lioba schien sich über meine Einschulung ganz besonders zu freuen. »Unsere kleine Türkin verlässt uns morgen«, erzählte sie jedem, der in mein Zimmer kam. Dass Schule etwas Aufregendes war, hatten mir die Kinder in der Klinik schon oft erzählt. Ich hatte viele Geschichten über Lehrer, Schüler und die Schule an sich gehört. Und allesamt waren sehr packend und ich konnte es kaum erwarten, auch lesen zu lernen wie meine Brüder. Andererseits würde ich Schwester Mechthild, Schwester Lioba, Schwester Anneliese und Schwester Euphrosyne nicht mehr sehen. Und auch Tante Ilse würde ich sehr vermissen. Die Vorstellung, all diese lieben Menschen verlassen zu müssen, nur um in die Schule zu gehen, machte mich schließlich sehr traurig, und ich erklärte den Schwestern, dass wir das mit der Schule einfach lassen sollten, weil ich mir das Ganze nun doch anders überlegt hätte. Ich wollte viel, viel lieber bei ihnen bleiben. Außerdem sei ich mir sicher, dass sie mich alle ganz schrecklich vermissen würden und genauso traurig wären wie ich, wenn ich plötzlich nicht mehr da sei.

Damit, dachte ich, sei das Thema Schule endgültig erledigt und alles bliebe beim Alten. Von wegen! Meine Ankündigung, doch nicht zur Schule gehen zu wollen, rief Dr. Marzen auf den Plan. Er versuchte mir die Schule schmackhaft zu machen und erklärte mir, dass alle Kinder in die Schule gehen müssten, auch ich. »Da gibt's keine Ausnahme! Punkt«, sagte er. Ich sei doch ein so kluges Mädchen und es wäre schade, wenn ich nichts lernen würde. Um mir den Abschied etwas leichter zu machen, versprach er mir, mich so oft wie möglich zu besuchen, was mich auch nicht weiter beruhigte. Dass die Schule direkt nebenan, nur ein paar Gänge entfernt war, wusste ich nicht. Und hätte ich geahnt, dass ich die Schwestern später noch sehr oft sehen würde, weil ich bei jedem gebrochenen Knochen wieder bei ihnen landen würde, wäre mir der Abschied sicher nicht so schwergefallen. Ich war davon überzeugt, dass ich nun wieder so eine lange Reisen vor mir hätte wie damals, als ich aus der Türkei nach ›Europa‹ gebracht wurde. Ich wollte nicht wieder meine Sprache verlieren, ich wollte die Menschen, die ich liebgewonnen hatte, nicht wieder zurücklassen.

Am Tag meiner ›Abreise‹ zog mich Schwester Lioba an, kämmte mir das Haar und band es zu einem Pferdeschwanz zusammen. »Wir müssen uns beeilen«, sagte sie ständig, ganz so, als würden wir sonst den Zug oder den letzten Bus verpassen. Sie machte mich ganz nervös mit ihrer Hektik. Dann ging plötzlich die Tür auf. Schwester Lioba drehte sich um zu der jungen blonden Frau, die mit einem Rollstuhl das Zimmer betrat, und sagte ganz aufgeregt: »Ah, Sie holen also jetzt unsere kleine Türkin ab.«

Meine ganzen Habseligkeiten hatte Schwester Lioba in einen Karton gepackt. Den kleinen Fernseher, den mir Onkel Yüksel geschenkt hatte, durfte ich nicht mitnehmen. »Wir haben auch einen Fernseher«, beruhigte mich Fräulein Vogel, stellte meinen kleinen Karton in den Rollstuhl und setzte mich obendrauf. Mein Lieblingsbuch und Dr. Schröder, meine Puppe, in seinem weißen Arztkittel, mit seinem Stethoskop und dem Fieberthermometer in seiner Brusttasche, klemmten sie mir unter den Arm. Dr. Schröder war ein Abschiedsgeschenk von Dr. Schröder, der allerdings auch genauso gut Dr. Schmidt geheißen haben könnte, an den Namen erinnere ich mich nicht mehr so genau. Dieser junge Arzt war auf jeden Fall viel, viel einfühlsamer und ging mit meinen gebrochenen Knochen viel vorsichtiger um als Dr. Marzen. Dr. Schröder legte mir seinen Doppelgänger in Form einer Plastikpuppe eines Abends in den Arm, als ich schlief. Als ich aufwachte, lag Dr. Schröder neben mir. Ich hatte mich wahnsinnig über diese Puppe gefreut und verlangte von Tante Ilse in den nächsten Tagen kein anderes Spielzeug mehr, nicht einmal eine Puppenstube, denn ich hatte mit Dr. Schröder eine ganze Menge zu tun. Irgendwann kam dann der echte Dr. Schröder noch einmal ins Zimmer, um sich von mir zu verabschieden. Ich erkannte ihn erst nicht, weil er keinen weißen Kittel mehr trug. Er setzte sich zu mir ans Bett und erklärte mir, dass er sich jetzt um andere kranke Kinder kümmern müsse. Deshalb lasse er mir aber den kleinen Dr. Schröder da, damit dieser gut auf mich aufpasst. Das tröstete mich und half mir über den Abschied hinweg. Was aus beiden Dr. Schröders wurde, weiß ich nicht. Mein kleiner Freund ging mir irgendwann einmal verloren. Kaum einem anderen Spielzeug trauerte ich so hinterher wie meinem kleinen Doktor.

Fräulein Vogel setzte den Rollstuhl in Bewegung und schob mich in mein neues Leben. Drei Jahre lang hatte ich nichts anderes gesehen als die Station und den Klinikgarten, in den ich ab und zu geschoben wurde, und ›meine‹ Kapelle. Die beiden Gebäudekomplexe, das Krankenhaus und das Heim, gingen ineinander über. Die Gänge schienen endlos lang. Fräulein Vogel versuchte mich zu trösten, aber ich hörte nicht hin – außerdem verstand ich wegen meines Schluchzens kein Wort. Ich war viel zu sehr mit mir beschäftigt, und ich ärgerte mich darüber, dass mir die Tränen liefen und ich mich kaum beruhigen konnte. Was sollten die anderen Kinder von mir denken? Ich wollte nicht gleich als Heulsuse gelten und versuchte mich zusammenzureißen. Dann schob mich Fräulein Vogel an der Kapelle vorbei, in der ich jeden Sonntag meine Süßigkeiten empfangen hatte, und öffnete jene feuerfeste Tür, auf die ich jedes Mal nach der Messe gebannt gestarrt hatte. Ich staunte nicht schlecht, als Fräulein Vogel diese mystische Tür öffnete, hinter der sich mein neues Leben verbarg.

Ich war angekommen, angekommen in meinem neuen Zuhause, dem »Heim für Körperbehinderte«, einem sehr, sehr alten Gebäude, das bis 1968 noch »Königliche Landesanstalt für krüppelhafte Kinder« hieß. Diese ›Anstalt‹ und die angrenzende Orthopädische Klinik wurden 1913 gegründet. Im Zweiten Weltkrieg wurde der Schulbetrieb weitgehend eingestellt und die Anstalt wurde als Lazarett genutzt.

Fräulein Vogel schob mich in den Aufzug und wir fuhren in den zweiten Stock. Und wieder ein endlos langer Gang mit riesigen Fenstern, die so hoch waren, dass ich nicht hinaussehen konnte. Endlich öffnete Fräulein Vogel die Tür zum Gruppenraum und sagte:»Schaut mal, wen ich euch da bringe. Das ist unsere Neue. Das ist Zuhal, sie kommt aus der Türkei und ist Türkin.« Den Zusatz »Türkin« hörte ich später noch oft. Ich war immer »die kleine Türkin«. Was damit eigentlich gemeint war, wusste ich nicht. War es eine Warnung vor mir oder war ich etwas Besonderes? Dass es nicht gerade von Vorteil war, eine Türkin zu sein, sollte ich in den folgenden Jahren noch allzu oft erfahren.

Der Gruppenraum war sehr groß. In der Mitte standen drei große Tische. Jedes Mädchen hatte seinen festen Platz. Man konnte sich also nicht nach Belieben neben das Mädchen setzen, mit dem man gerade besonders gut befreundet war, oder sich einen Platz seiner Wahl aussuchen. In einer Ecke stand ein Sofa mit einem kleinen Tisch, an dem die Erzieherinnen saßen, strickten und Radio hörten, wenn wir gerade spielten, malten, ratschten oder lernten. Ein abgesperrter uralter Schrank, ein weiterer Schrank, in dem Geschirr verstaut war, ein Regal mit ein paar Spielsachen, die in den oberen Fächern untergebracht waren, so dass wir nicht selber heranreichten, so sah unser Gruppenraum aus, in dem wir die meiste Zeit des Nachmittags verbrachten. An den Wänden hingen ein paar Tierposter, sonst waren sie kahl und leer. Auf dem Fensterbrett des riesigen und ebenfalls sehr hoch angebrachten Fensters stand ein großer, hässlicher Gummibaum. Von der Decke strahlte eine dicke Neonröhre ein besonders scheußliches Licht in den Raum. Und ein hellgrauer Linoleumboden machte das Zimmer kalt und ungemütlich.

Wir mussten Fräulein Vogel oder Fräulein Hauser für alles um Erlaubnis bitten. Und ein Nein hatten wir ohne jeden Kommentar zu akzeptieren. Auch nach dem Grund dafür hatten wir nicht zu fragen, es ging also recht willkürlich zu in diesem Heim, das hatte ich schnell begriffen. Jedenfalls hatte diese Spielesammlung hier mit Tante Ilses Spielparadies nichts gemeinsam, die Ausbeute war äußerst dürftig. Manche Kinder besaßen eigene Spielsachen, die sie nach Lust und Laune oder mal gegen fünfzig Pfennig an die anderen ausliehen. Eine paar findige Mädels verschafften sich auf diese Art echte Vorteile. Sei es, dass man ihnen etwas von seinen Süßigkeiten abgab oder das Tischdecken für sie übernahm. Ich gehörte jedenfalls immer zu denen, die niedere Dienste verrichten mussten, um sich ein Spiel ausleihen zu können.

Aber wo um Himmels willen war denn der Fernseher? Hatte mich Fräulein Vogel angelogen, damit ich Ruhe gab und meinen Fernseher in der Klinik ließ? Ja, sie hatte mich belogen. Hier gab es kein solches Gerät! Ich war wahnsinnig enttäuscht. Nicht so sehr, weil es keinen Fernseher gab, vielmehr darüber, dass mich diese nette Frau einfach so belogen hatte, der ich doch gerade vertrauen wollte.

Die Mädchen saßen an den drei großen Tischen, guckten neugierig von ihrem Abendbrot auf und starrten mich an. Mich, die Neue, die Türkin mit den verheulten Augen. Die auf einem Karton saß und Dr. Schröder fest unter den Arm geklemmt hatte. Die, die allen am liebsten die Zunge rausgestreckt hätte und sich beim besten Willen nicht vorstellen konnte, auch nur einen Tag hier zu bleiben, starrte erschrocken zurück.

Fräulein Vogel hob mich vom Karton herunter und setzte mich in einen schon damals altmodischen Rollstuhl, der die großen Räder vorne hatte und in dem ich verloren ging, weil er so groß und damit unglaublich schwer für mich zu lenken war. Das Gehen mit der Gehschiene hatte sich nach meinem schweren Sturz und den Beinbrüchen erledigt. Ich durfte höchstens noch unter Aufsicht laufen.

Meine Beine waren noch krummer geworden. Die ganzen Operationen führten keineswegs die ersehnte Besserung herbei – im Gegenteil. Irgendwann passten die Gehschienen nicht mehr, und mit jeder Belastung stieg die Gefahr, dass ich mir abermals einen komplizierten Bruch zuzog. Deshalb musste ich fortan im Rollstuhl sitzen. Aber auch der Rollstuhl konnte weitere Knochenbrüche nicht verhindern. Erstaunlicherweise bekam ich nach jedem Knochenbruch einen Vorwurf der Erzieherin zu hören: »Warum passt du denn nicht besser auf. Jetzt müssen wir schon wieder in die Klinik. Ich habe keine Zeit, dich ständig zu versorgen, nur weil du wieder einen Gips bekommst.« Auch im Krankenhaus immer dasselbe: »Schon wieder ein gebrochener Knochen. Warum passt du nicht auf? Bist selber schuld. Vielleicht wirst du ja irgendwann mal klüger.« Ich hatte Schmerzen und Angst vor einer Operation, aber keiner hielt es für nötig, mich zu trösten, stattdessen hagelte es Beschuldigungen. Seltsam – ich war also selbst schuld an meiner Behinderung und daran, dass meine Knochen so leicht brachen? So wurden die Knochenbrüche nicht nur wegen der Schmerzen der reinste Horror für mich, sondern auch weil ich den anderen Arbeit machte und ihnen auf die Nerven ging. Einmal fuhr ich tagelang mit einem gebrochenen Arm durch die Gegend, weil ich mich nicht traute, es jemandem zu beichten. Erst als ich die ganze Zeit in der Ecke saß und versuchte den Rollstuhl mit nur einem Arm fortzubewegen, fiel es der Erzieherin auf.

Das Laufen vermisste ich sehr, vor allem, weil ich das Klappern der Schuhe so gerne mochte. Das Geräusch meiner roten Holzschuhe fand ich besonders schön. Manchmal, wenn mir langweilig war – und mir war oft langweilig, vor allem, wenn ich allein zu Hause saß –, krabbelte ich aus dem Rollstuhl, setzte mich an die Treppe und spielte Treppensteigen oder Gehen, indem ich meine Füße bewegte und mit meinen Schuhen klapperte.

Fräulein Vogel schob mich an den Tisch, stellte mir einen lilafarbenen Teller und eine Tasse aus Plastik auf den Platz, schnitt eine

Semmel auf und belegte sie mit Wurst. In die Tasse goss sie lauwarmen Hagebuttentee – ein Getränk, das die nächsten zehn Jahre alternativlos Abend für Abend auf dem Tisch stand. Unter den skeptischen Blicken der anderen Mädchen, die zum Teil älter waren als ich, aß ich mein Abendbrot und trank meinen Tee in meinem neuen Zuhause, das mir höchst zuwider war. Normalerweise durfte erst dann vom Tisch aufgestanden werden, wenn alle mit dem Essen fertig waren, das konnte manchmal ewig dauern, gerade dann, wenn es etwas gab, was niemand mochte, was aber aufgegessen werden musste. Da ich aber so spät ankam, saß ich nachher allein am Tisch und niemand kümmerte sich um mich.

Ich war überrascht und verunsichert, dass außer mir noch andere Kinder im Rollstuhl saßen. Oder auf Krücken gingen. Manche von ihnen hatten sehr kurze Arme, andere machten unkontrollierte Bewegungen, manche konnten so schlecht sprechen, dass ich sie gar nicht verstand. Andere hatten so wenig Kraft, dass sie ihren Rollstuhl nicht selbst anschieben konnten und immer jemanden brauchten, der ihnen half, selbst beim Zubettgehen oder auf der Toilette. Solche Kinder hatte ich noch nie gesehen. Sie hatten nicht einfach nur ein gebrochenes Bein, das man operieren konnte, diese Kinder waren ganz anders als die, die ich im Krankenhaus kennengelernt hatte. Und dass ich nun hier war, konnte nur bedeuten, dass auch ich ganz anders war als die Kinder im Krankenhaus. Ich war behindert!

Nach dem Essen brachte mich Fräulein Gerti, wie wir Fräulein Vogel auch nennen durften, in den Schlafraum. Er war ähnlich trostlos und spärlich eingerichtet wie das ganze Haus. An der Decke wieder eine Neonfunzel, sieben weißbezogene Betten mit je einem Nachttisch waren aufgereiht, und auf der anderen Seite des Raums standen kleine, alte Kleiderschränke, deren Farbe bereits abblätterte. Mein Schrank sah am ramponiertesten aus. Da, wo normalerweise das Schloss war, klaffte ein riesiges Loch. Irgendjemand hatte ganz offensichtlich einmal den Schlüssel verloren, so dass der Schrank aufgebrochen werden musste – so sah es jedenfalls aus. Ein paar Jahre später bekamen wir neue, riesige Schränke, die wahnsinnig hoch waren und im Gang aufgestellt wurden, weil sie in den Schlafräumen keinen Platz hatten. An die Wände des Raumes hatten die Mädchen Poster ihrer Lieblingsband, Pferdebilder oder Fotos von der Familie geklebt. An dem großen Fenster hingen lange, schwere Vorhänge.

Fräulein Gerti zeigte mir auch den Waschraum. Er war grässlich und riesengroß, die Böden und Wände waren grau gefliest. An die fünfzehn kleine Waschbecken waren auf einer Wandseite nebeneinander dicht an dicht angebracht. Die Waschbecken selbst waren alt, an manchen Stellen fehlte die Emaille. Alles wirkte sehr unappetitlich. Über jedem Becken war eine kleine Ablage angebracht und witzigerweise ein Spiegel. Er war natürlich völlig sinnlos, denn keine von uns, nicht einmal die, die laufen konnten, konnten sich darin betrachten. Manchen standen trotz Kämmen die Haare vom Kopf ab, andere hatten ihren Scheitel schief gezogen oder es klebte noch irgendwo ein Rest Zahnpasta im Gesicht. Wer keinen kleinen Handspiegel besaß, machte sich gelegentlich zum Gespött der Klassenkameraden. Was aber am schlimmsten war: Es gab nur kaltes Wasser.

Den größten Horror aber entwickelte ich vor dem sogenannten ›Badetag‹, vor dem mich die Mädchen schon am ersten Abend warnten. Badetag war jeden Samstag. Im stockdunklen Keller dieses alten Gemäuers befanden sich etwa zwanzig durch Betonwände abgetrennte Kabinen mit alten, abgewetzten Badewannen, bei denen das blanke Metall schon durchschien. Ein kleiner Hocker für unsere Sachen stand daneben. Die Kabinen waren so eng, dass man mit dem Rollstuhl nur vorwärts rein- und rückwärts rausfahren konnte. Man konnte deshalb nur seitlich in die Wanne einsteigen, was ohne Haltegriffe zu einem echten Balanceakt wurde. Man musste extrem aufpassen, sich bei dieser Akrobatik nicht den Hals zu brechen. In der Mitte des saalartigen Raumes waren nur zwei Neonröhren angebracht, die ein sehr spärliches Licht in die Kabinen warfen. Das Warmwasser war nur mittels eines Imbus-Schlüssels zu regulieren, und den hatte natürlich nur die Erzieherin, die wir rufen mussten,

44

wollten wir Nachschub an warmem Wasser haben. Wir saßen nicht nur in einem fast stockfinsteren Raum, sondern auch noch im kalten Wasser. Entsprechend flott ging das Ganze über die Bühne. Keine blieb länger in der Badewanne sitzen als irgend nötig. Für uns, die wir selbständig baden konnten, war die Sache einigermaßen erträglich, wir konnten unser Bad beenden, wann immer wir wollten. Mädchen, die dabei Hilfe brauchten, mussten warten, bis sie an der Reihe waren.

Fräulein Gerti half mir dabei, die wenigen Dinge, die ich besaß, in den Schrank zu räumen. Dabei stellte sie fest, dass mir noch jede Menge Sachen wie Handtücher, Waschlappen, Haarshampoo und ein paar mehr Kleidungsstücke fehlten. Auch Schulsachen wie Hefte, Buntstifte und einen Schulranzen hatte ich nicht. Darüber war ich besonders unglücklich. Morgen sollte die Schule anfangen und ich hatte keinen Schulranzen.

Wieder kamen mir die Tränen, dieses Mal, weil ich mich so schämte, dass ich praktisch nichts hatte, während die Schränke der anderen Kinder vollgestopft waren. »Das ist doch nicht so schlimm«, tröstete mich Fräulein Gerti, »wir rufen deine Eltern an und die werden dann alles Nötige für dich besorgen, und bis dahin bekommst du die Sachen von uns.« Ach ja, meine Eltern. Wussten sie überhaupt, dass ich hier war? Warum haben sie mich nicht abgeholt und hierher gebracht, und überhaupt, warum lebte ich nicht bei ihnen? Waren meine Brüder vielleicht auch in einem Heim? Mich übermannte ein Gefühl der totalen Einsamkeit. Ich fühlte mich leer, verlassen und ungeliebt. Ich war unendlich traurig. Ich sehnte mich nach meiner Familie und nach meinen Klosterschwestern.

Nachdem ich mich so halbwegs eingerichtet hatte, ging es auch schon ans Zubettgehen. Um halb acht gab Fräulein Gerti das Kommando, Schlafanzüge anzuziehen. Die Mädchen hörten mit ihren Spielen auf und gingen in die Schlafräume. Jede stand vor ihrem Bett, zog sich aus und den Schlafanzug an, anschließend ging es in den Waschraum, Zähne putzen. Ich machte ihnen einfach alles nach und rollte, so gut ich eben mit diesem monströsen Rollstuhl konnte, hinterher in den Waschraum. Danach ging es ins Bett. Fräulein Gerti kam noch einmal zu jedem Mädchen und deckte jede von uns zu. Manche Mädchen drückte sie, mir wünschte sie eine gute Nacht. Auf meinem Nachttisch lag Lotta. Ich wusste, auch ohne zu fragen, dass mir Fräulein Gerti nie im Leben daraus vorlesen würde. Das war auch nicht mehr nötig, denn ich kannte das Buch ja längst auswendig und stellte mir vor, so wie Lotta einfach auszubüchsen. Nur wohin? Fräulein Gerti löschte das Licht aus, ermahnte uns zur absoluten Ruhe und schloss die Tür. Absolute Stille im Raum.

Doch schon nach ein paar Minuten fingen die Mädchen in der Dunkelheit an zu flüstern. Manche, die selbständig aufstehen konnten, gesellten sich zu einem der anderen Mädchen ans Bett. Dann flüsterte Evi meinen Namen und bat mich zu ihr zu kommen. Evi hatte Muskelatrophie und konnte sich kaum selbständig bewegen. Ich stand also auf und rollte in der Dunkelheit an Evis Bett. Im Nebenraum schliefen der Herr Direktor und seine Gemahlin, erklärte sie. Deshalb durften wir nur flüstern. Er und seine Familie hätten da ihre Wohnung, und wenn wir zu laut seien, dann würde er gegen die Wand klopfen und »RUHE« brüllen, und das wolle man gerne vermeiden, weil das am nächsten Tag meistens großen Ärger gab.

Evi und ich hatten in dieser Nacht Freundschaft geschlossen, und als ich zurück ins Bett ging, war mir das Herz gar nicht mehr so schwer und ich schlief erschöpft ein. Evi konnte sich auch nicht selbständig im Bett umdrehen und weckte immer eine von uns, damit wir ihr die Beine anders lagern oder ihren Kopf in eine andere Richtung drehen konnten oder sie besser zudeckten, wenn sie fror. Manchmal, wenn sie sehr unruhig schlief, mussten wir öfter aufstehen. Einen Nachtdienst, der durch die Zimmer ging und Kindern wie Evi half, sich umzudrehen, gab es erst ein oder zwei Jahre später.

Mitten in der Nacht wachte ich auf, weil ich ganz dringend zur Toilette musste. Eine Glocke für die Nachtschwester gab es nicht. Wie denn auch, das hier war ja schließlich kein Krankenhaus, sondern ein Heim für behinderte Kinder und Jugendliche. Irgendwann beschloss ich aufzustehen und alleine zur Toilette zu rollen. Es war dunkel und kühl. Die Lichtschalter waren unerreichbar hoch angebracht. Sosehr ich mich bemühte, meine Arme waren einfach zu kurz. Es blieb mir also nichts anderes übrig, als in der Dunkelheit den langen Gang bis zur Toilette zu rollen. Durch die großen Fenster fiel etwas Licht von den Straßenlaternen, so dass sich meine Augen an die Dunkelheit gewöhnten und ich unter Tränen die Toilette erreichte. Auf dem Rückweg kam mir eine große, hinkende Gestalt entgegen, vor der ich fürchterlich erschrak. Sie blieb stehen und fragte mich, wer ich sei. Ich zitterte am ganzen Leib und weinte. Das Mädchen war ein ganzes Stück älter als ich und in einer anderen Gruppe, die ihre Schlafräume allerdings auf derselben Etage wie wir hatte. Sie merkte, wie verängstigt ich war, und brachte mich in mein Zimmer zurück. Ich lag noch die halbe Nacht wach. Vor lauter Angst traute ich mich nie wieder, nachts auf die Toilette zu gehen.

Am nächsten Morgen lernte ich dann die andere Erzieherin, Fräulein Hauser, eine Dame aus Linz, kennen. Sie führte ein hartes Regiment, der Tagesablauf war streng durchorganisiert. Um sieben Uhr knipste sie das Licht an, riss die Fenster auf, rief »guten Morgen, raus aus den Federn« und verschwand wieder aus dem Zimmer, um die anderen Mädchen zu wecken. Nach ein paar Minuten, ich saß meistens schon im Bett, ging sie reihum, zog den Mädchen die Decke weg und ermahnte sie, jetzt sofort aufzustehen.

Noch schlaftrunken gingen wir gemeinsam in den Waschraum. Fräulein Hauser stand mit kontrollierendem Blick in der Türe, während wir halb nackt und frierend vor unseren Waschbecken standen und uns mit kaltem Wasser wuschen. Die meisten hatten sich ihre Kleidung für den Tag schon zurechtgelegt, nur ich schlüpfte in die Klamotten vom Vortag. Bis eine Stimme hinter mir sagte: »Ein frisches Unterhemd ziehen wir uns aber schon an, gell, kleines Fräulein?«

Beim Frühstück bekam ich meinen Platz zugewiesen, eine Semmel mit Marmelade und ein Becher mit lauwarmem Kakao standen auf den Tisch. Danach rollten wir alle gemeinsam den Gang entlang zum Aufzug, wo jeden Morgen ein großer Andrang herrschte. Es gab nur diesen einen Lift, der Platz für drei Rollstühle hatte. Um sich hineinzuquetschen, brauchte man viel Mühe und ein großes Rangiertalent. Dieses Haus war für Rollstuhlfahrer absolut ungeeignet. Zu wenige und zu kleine Fahrstühle, zu schwere Türen, die Lichtschalter waren zu weit oben angebracht und die Toiletten waren viel zu klein, so dass man bei offener Tür dasaß. In den Garten kam man in den ersten Jahren nur, wenn man um das ganze Haus herumrollte, was ewig dauerte.

Elisabeth, ein Mädchen aus meiner Gruppe, und ich gingen in dieselbe Klasse, deshalb hatte sie den Auftrag, mich mitzunehmen. Elisabeth hatte tolle blonde Haare und schöne blaue Augen. Sie war ein sehr nettes und hilfsbereites Mädchen, das mir den Einstieg als Neue in der Klasse sehr erleichterte. Elisabeth war eines der Kinder, die viel Hilfe brauchten, weil sich ihre Muskelkraft nach und nach abbaute. Unten angekommen, staunte ich nicht schlecht, als da noch viele, viele andere Kinder und vor allem auch Jungs in die Klassenzimmer gingen. Bisher war ich davon ausgegangen, dass das Heim nur von uns paar Mädchen bewohnt war.

Das Heim war groß, sehr groß. Im linken Flügel des riesigen Gebäudes waren die Wohngruppen der Jungs – im rechten Teil waren wir Mädchen untergebracht. Im Erdgeschoss des Hauses waren die Klassenräume, die Damenschneiderei und eine Buchbinderei, wo junge Menschen eine Lehre machen konnten. Die meisten Lehrlinge kamen von außerhalb.

Jungs und Mädchen waren nur im Unterricht zusammen, ansonsten trennte man sie strikt. Besuch von einem Jungen aus der Klasse bekamen wir sehr selten, und wenn doch, dann mussten dafür mehrere Erzieherinnen gefragt werden. In meiner Klassen jedenfalls waren Elisabeth und ich die einzigen Mädchen. Meine Lehrerin, Frau

Hofer, stellte mich der Klasse – und wie sollte es anders sein – als Türkin vor und gab meinen Mitschülern eine Aufgabe, damit sie sich ganz mir widmen konnte. Ich bekam Stifte, Schreibhefte, Bücher und einen Malkasten. Sie wollte wissen, ob ich denn schon ein paar Buchstaben kennen würde.

Ich hörte ihr kaum zu, weil mein Blick auf die bunten Schultüten, die an der Wand hingen, fiel. Als sie meine Neugier bemerkte, holte sie eine Schultüte herunter und erklärte mir, was es damit auf sich habe. Ich rechnete fest damit, augenblicklich ebenfalls mit einer Schultüte beschenkt zu werden, denn schließlich war dies ja mein erster Schultag. Als jedoch nichts passierte, fragte ich Frau Hofer: »Und wo ist denn meine Schultüte? Werde ich auch fotografiert?« Sie sah mich groß an und sagte: »Das musst du deine Eltern fragen. Die Kinder haben ihre Schultüte alle von ihren Eltern bekommen. Und außerdem gibt es die Schultüte immer nur am ersten Schultag. Und die Schule hat schon vor zwei Monaten angefangen, also ist es für eine Schultüte eh viel zu spät.« Ich war maßlos enttäuscht. Nicht nur, weil ich keine Schultüte bekommen sollte und es von mir niemals ein Einschulungsfoto geben würde, sondern weil ich auch noch viel zu spät in die Schule kam und die anderen mir gegenüber bereits einen riesigen Vorsprung hatten. Während sie nämlich das Wort Kirsche schon lesen konnten, musste ich die einzelnen Buchstaben erst noch lernen. Schule war also definitiv nichts für mich, und das wollte ich am Nachmittag mit meiner Erzieherin klären. Ich hatte beschlossen, wieder zurück in die Klinik zu gehen. Ich war in diesem Heim total fehl am Platze.

Ich war fest entschlossen, diese Einrichtung noch am gleichen Tag wieder zu verlassen, und wartete das ganze Mittagessen über sehnsüchtig auf eine Erzieherin, um ihr meinen Entschluss mitzuteilen. Als ich Fräulein Hauser schließlich mein Dilemma erklären konnte, wurde sie von einem aberwitzigen Lachanfall gepackt: »Was bist du doch für ein dummes Kind. Weißt du denn nicht, was ein Krankenhaus ist?« Das Schlimme war nicht, dass sie so blöd lachte, sondern dass die um uns herumstehenden Mädchen das Gespräch mitangehört hatten und ebenfalls kicherten. Und die nicht anwesenden Mädchen bekamen postwendend und brühwarm alles erzählt, bis sich schließlich alle über mich lustig machten. Auch meine neue Freundin Evi lachte über mich, was mich sehr irritierte.

Bei aller Enttäuschung aber hatte ich eins begriffen: Ich würde mich sehr anstrengen müssen, um in diesem Heim nicht völlig unterzugehen. Ich würde mich behaupten müssen. Mein Kampfgeist war geweckt. Also krempelte ich die Ärmel hoch und war bereit, dieses Heimleben, solange es eben sein musste, durchzustehen. Mein Vertrauen in diese Mädchenfreundschaften war allerdings erst einmal erschüttert. Befreundet wollte ich mit keinem dieser Mädchen mehr sein, alles blöde Kühe, dachte ich mir.

Die Schulpausen verbrachten wir auf den langen Gängen des Gebäudes, dabei lernte ich Ernst kennen. Er konnte sich nicht selbst fortbewegen und wurde von seinem Freund Hubert, der mehr schlecht als recht auf den Beinen war, immer an mir vorbeigeschoben. Dabei lächelte er mich an. Irgendwann ›befahl‹ er seinem ›Chauffeur‹ anzuhalten, blieb vor mir stehen und fragte mich, wie ich heiße und ob ich neu sei. Ich freute mich über sein Interesse, und Ernst wurde fortan mein bester Freund.

Nach einiger Zeit fragte er mich, ich war gerade mal acht Jahre alt, ob ich mit ihm ›gehen‹ wollte. Das klang gut und ich sagte ja und war gespannt, wohin wir nun gemeinsam gehen würden. Erst später kapierte ich, dass es wohl so etwas wie die erste Liebe sein sollte und dass es bedeutete, dass wir, wann immer sich die Gelegenheit ergab, nebeneinandersaßen oder uns im Garten trafen und dass es Ärger gab, wenn ich mal nicht direkt auf ihn zusteuerte, sondern einem anderen Mitschüler den Vorzug gab. Irgendwann machte er mit mir Schluss, ein anderes Mädchen hatte noch längere und noch schwärzere Haare als ich. Und dieses Schlussmachen bedeutete umgekehrt, dass man nun nicht mehr nebeneinandersaß und dass man sich im Garten möglichst aus dem Weg ging und dass man von seinem

Freund in den Ferien keine Post mehr bekam, was das Schlimmste war.

Bald darauf fragte mich ein anderer Junge, ob ich denn nun mit ihm gehen wollte. Ich fand das Miteinandergehen mittlerweile total blöd, und obwohl er mir einen Hamster schenken wollte, lehnte ich dankend ab. Ich wollte mit niemandem mehr gehen, das brachte einem nur Ärger ein. Es war schon so kompliziert genug, dieses Leben. Wieso sollte ich es mir noch schwerer machen?

Auf dem Gang lernte ich schließlich auch Moni kennen, die für die Zeit im Heim meine beste Freundin wurde. Moni ging in die Klasse von Frau Lang. Bei Frau Lang schien der Unterricht viel lustiger zu sein als bei uns. Außerdem war ihr Klassenraum viel größer und viel bunter. Moni erzählte mir von Frau Langs unkonventionellen Unterrichtsmethoden. Dort gab es Tanzen, Musikhören, Theaterspielen. »Ja und was ist mit Lesen, Schreiben und Rechnen?«, fragte ich verdutzt. »Ja, ja, das lernen wir auch«, sagte Moni, so als liefen diese eher lästigen Lernfächer einfach so nebenbei.

In meiner Klasse ging es leider nicht so lustig zu, und vor allem nicht so kreativ. Wir saßen angestrengt vor unseren Schreibheften und schwangen Buchstaben. Ich freute mich immer auf die Pause und die Geschichten, die Moni mir wieder erzählen würde. Vor allem sprach sie über Frau Lang. Frau Lang war eine große, schlanke Frau mit einem tollen, dunklen Lockenkopf. Hinter ihrer Brille strahlten ihre Augen. Manchmal durfte ich nach der Pause die restlichen Unterrichtsstunden bei ihr verbringen. Ich genoss die Zeit. Bei ihr fühlte sich alles so anders an. Wir wurden tatsächlich respektiert, sie ging auf uns ein und sprach mit uns. Und sie hörte zu, wenn wir etwas sagten. Frau Lang war anders als die anderen Lehrerinnen und Erzieherinnen, und entsprechend argwöhnisch betrachteten ihre Kolleginnen ihren Unterrichtsstil. Sie war hundertprozentig auf der Seite ihrer Schüler, und es war ein Glück, wenn man in ihre Klasse gehen durfte. Und dieses Glück hatte ich schon im folgenden Jahr.

Frau Lang blieb bis zum Ende meiner Heimzeit die wichtigste Bezugsperson für mich. Ihr habe ich viel zu verdanken, in beinahe jeder Hinsicht. Ihr gefiel es, wenn wir widersprachen und nicht einverstanden waren mit dem, was sie vorhatte, sie verlangte aber dafür Alternativen. Sie brachte uns bei, dass die Erwachsenen nicht immer recht haben und dass auch Kinder sagen dürfen, was sie denken. Die anderen Erzieherinnen hingegen unterbanden jede Diskussion. »Schluss jetzt«, hieß es sofort oder es setzte gleich eine Strafe. Und jedes Mal, wenn wir uns dann bei Gerda Lang beschwerten, sagte sie: »Sich zu wehren und dafür auch mal bestraft zu werden, ist allemal besser, als sich alles gefallen zu lassen!« Und das leuchtete mir ein.

Allmählich gewöhnte ich mich an dieses Heim, an die komischen Regeln, an die Schule, an die seltsamen Erzieherinnen. Meinen ersten Erfolg feierte ich noch im selben Jahr, als mir Fräulein Gerti die Rolle der Maria im Weihnachtstheater anbot, und das, obwohl ich noch nicht richtig lesen konnte. Aber das machte nichts, denn mein Text in diesem Stück war mehr als überschaubar. Viele der Mädchen waren extrem neidisch und fingen Streit mit mir an. Und die beste Freundin eines neidischen Mädchens mochte mich dann auch nicht mehr. Und die Freundin der Freundin auch nicht. Und manchmal wechselten auch die eigenen Freundinnen noch auf die Gegenseite. Das mit den Freundschaften war in den ersten Jahren echt mühsam. Jeden Tag formierte sich eine neue Gruppe und man wusste nicht, mit wem man am nächsten Tag noch befreundet sein würde und wer mit wem verkracht war und warum eigentlich.

Jedenfalls verstanden sie nicht, warum die Rolle der Maria ausgerechnet mir, der Neuen, zugefallen war. Eines der Mädchen drohte mir damit, irgendwelche Lügen über mich zu verbreiten, wenn ich nicht freiwillig auf die Rolle verzichten würde. Dieses Theaterspielen musste schon etwas ganz Besonderes sein, denn warum sonst waren alle so scharf auf die Rolle? Ich war unter gar keinen Umständen bereit, darauf zu verzichten, und das machte ich dem Mädchen auf meine Art sehr deutlich. Ich mochte dieses Mädchen nicht, und für nichts auf der Welt hätte ich ihr den Vortritt gelassen. Und einschüchtern ließ ich mich von ihr schon gar nicht.

Die Einzige, die zu mir hielt und sich auch mit der Gegenseite anlegte, war meine Freundin Moni. Sie gönnte mir diesen Erfolg, obwohl sie selbst gerne die Rolle der Maria übernommen hätte. Tom, ein spastisch gelähmter Junge, sollte den Josef spielen. Fast jeden Tag probten wir unser kleines Theaterstück und fieberten dem großen Tag der Aufführung entgegen. Der riesige Turnsaal, in dem eine richtige Theaterbühne stand, war bis auf den letzten Stuhl mit Eltern, Lehrern, Freunden oder Gönnern der Landesschule gefüllt. Meine Eltern kamen nicht. Sie hätten ja auch kein Wort verstanden. Dennoch hätte es mir sehr gefallen, wenn sie mich in meiner Rolle als Maria gesehen hätten. Während der Direktor das Publikum begrüßte, wurden Tom und ich in Position gebracht. Mir klopfte das Herz wie wild. Die Lichter gingen aus, einzig meine Laterne, die ich in der Hand hielt, sorgte für ein wenig Helligkeit.

Fräulein Gerti gab uns ein Zeichen und los ging's. Tom war extrem schlecht zu Fuß. Er hielt sich von hinten an meinem Rollstuhl fest und schob mich mühsam und im Schneckentempo an den Zuschauern vorbei. Eigentlich sollte er leise seine Schritte bis zehn zählen, so dass nur ich es hören sollte. Doch das schien er vergessen zu haben, denn im ganzen Saal war sein lautes Zählen zu hören, eins, zwei, drei bis zehn. Zehn, das war mein Stichwort, bei dem ich mit meinem Text einsetzte, und der lautete in etwa so: »Josef, oh Josef, ist es noch weit? Ich fürchte mich.« Und Josef beziehungsweise Tom antwortete: »Sorg dich nicht, Maria.« Dann zählte er wieder langsam bis zehn und ich begann von vorne: »Josef, oh Josef, ist es noch weit? Ich fürchte mich.« Und Josef antwortete wieder: »Sorg dich nicht, Maria.«

Dabei marschierten wir weiter in Richtung Bühne. Unterhalb der Bühne war eine Krippe aufgebaut, in der das Jesuskind bereits lag – eine sehr eigenwillige Interpretation, sei's drum. Wir erreichten also unsere Krippe, Tom setzte sich im Schneckentempo auf den für ihn bereitgestellten Stuhl, dann war ich wieder an der Reihe und sagte: »Oh, Josef, sieh nur, das Jesuskind ...« Tom hatte dazu keine Antwort einstudiert, denn während ich sprach, sollten sich die Heiligen Drei Könige langsam nähern. Die ließen uns allerdings warten und als sie endlich ankamen, überreichten sie uns wortlos die Geschenke für das Jesuskind. Freilich hätte einer der Könige noch irgendeinen Text sprechen müssen, doch den hatte er wohl in der Aufregung vergessen, und es half auch nichts, dass die anderen beiden ›Könige‹ ihm den Text lautstark einzuflüstern versuchten. So dauerte unser Weihnachtsstück gerade einmal fünf Minuten. Das war nicht weiter schlimm, denn das eigentliche Weihnachtsstück fand ja anschließend auf der richtigen Bühne statt. Trotzdem gab es frenetischen Applaus für unser kleines misslungenes Schauspiel. Ich war wahnsinnig stolz und fand: Theaterspielen ist super! Ich werde Schauspielerin!

Mit meiner grandiosen Rolle als Maria hatte ich den Sprung in die Theatergemeinde des Heims geschafft, so dass ich fortan bei jedem Weihnachtsschauspiel eine Rolle bekam. Anfangs waren diese noch winzig. Sie bestanden aus höchstens einem Satz, und manchmal war ich auch nur Statistin – egal, Hauptsache, ich war dabei. Mit den Jahren wurden meine Rollen größer, und bald spielte ich die erste oder zweite Hauptrolle in den größeren Stücken. Sehr zum Ärger der anderen ›Schauspielerinnen‹.

Bei meinem Auftritt als Maria glaubte die Erzieherin eine außergewöhnliche musische Begabung bei mir festgestellt zu haben, die sie unbedingt fördern wollte – also schenkte sie mir eine Blockflöte und gab mir ganz privaten Unterricht. Sehr sporadisch zwar, aber immerhin. Da kam ihr der Besuch unseres Heimleiters gerade recht. Herr Schleife war in Sachen Talentsuche mal wieder im ganzen Haus unterwegs. Auch in unsere Gruppe kam er und tuschelte auffällig mit der Erzieherin, deren Blicke ich auf mir spürte. Sie nickten sich einig zu und riefen mich zu sich. Was war passiert? Ein pensionierter und gelangweilter Studienrat aus der Nachbarschaft bot sich als Klavierlehrer an, denn er wolle den Behinderten etwas Gutes tun. Etwas

Ablenkung und musische Förderung habe ja noch keinem Kind geschadet, so sein Credo. Der Heimleiter war offensichtlich so begeistert von dem Engagement des älteren Herrn, dass er sämtliche Gruppen nach vermeintlichen Talenten abklapperte. Und ich war eins davon. Nicht, dass ich erst einmal darüber nachdenken durfte, Herr Schleife schleifte mich sogleich in jenes Klassenzimmer, in dem das Klavier stand. Daneben saß der strenge Herr in einem eigens für ihn herbeigebrachten Sessel und wartete auf mich. Meine Finger sollte ich auf die Tasten setzen, spreizen und so schnell bewegen, wie ich nur konnte. Er nickte zufrieden und sagte: »Ja, die nehme ich auch. Die kann das.« Fortan hatte ich einmal die Woche, jeden Mittwoch von 14 bis 15 Uhr, Klavierunterricht. Ausgerechnet während der Lernzeit, in der wir unsere Hausaufgaben machen mussten, um anschließend unseren Freizeitbeschäftigungen nachzugehen. Für mich gab es mittwochs keine Freizeit mehr. Denn wenn ich aus dem Klavierunterricht kam, waren die anderen mit den Hausaufgaben bereits fertig, warfen mir einen mitleidigen Blick zu und rollten los. Und ich musste mich in die hinterste Ecke hocken und lernen.

Nach ein paar Stunden am Klavier konnte ich ein paar Noten lesen und meine Aufgabe bestand nun darin, die Tonleiter ›sauber‹ rauf und runter zu klimpern. Das war nun keine besonders große Herausforderung und ich hoffte, dass ich bald mit den in Aussicht gestellten Liedern beginnen konnte. Doch bei jeder Klavierstunde saß mein seltsamer Klavierlehrer hinter mir und befahl die Tonleiter zu spielen – eine ganze Stunde lang. Der Klavierunterricht hätte mir sicherlich mehr Spaß gemacht, wenn dieser Mensch nicht so schrecklich streng und sonderbar gewesen wäre. Meine Lust auf den Klavierunterricht schwand von Mal zu Mal – ich hatte keine Lust mehr auf die Tonleiter und ich wusste auch nicht, wie ich diese noch besser hätte spielen können. Ich hatte Angst vor ihm und hätte mir lieber die Zunge abgebissen, als ihn darum zu bitten, etwas anderes spielen zu dürfen.

Als er mich einmal überraschte und mir tatsächlich eine Seite aus dem Notenheft vor die Nase hielt und mich bat, ein Stück nach Noten zu spielen, schlief er hinter mir ein. Wachte aber bei einem falschen oder zu zögerlichen Ton sofort auf, beugte sich nach vorne, zog mich am Haar und brüllte: »Noch mal!« Und nickte wieder weg. So ging das Woche um Woche, Monat um Monat. Statt der Tonleiter spielte ich nun: »Summ, summ summ, Bienchen summ herum«. Dieser Klavierunterricht war eine einzige Farce und stahl mir nur meine kostbare Freizeit. Ich hatte den Verdacht, dass er den Unterricht nur gab, um in Ruhe sein Nickerchen machen zu können. Es war ihm egal, dass ich ständig am selben Stück rumklimperte und keinerlei Fortschritte machte. Nach einem Jahr war abrupt Schluss mit dem Klavierunterricht. Mein Klavierlehrer war unerwartet verstorben. Und weil die Heimleitung einen guten Eindruck machen wollte, schleppte sie seine drei Klavierschüler – unter anderem mich– zu seiner Beerdigung.

Klar, so ein paar nette Behinderte schmücken eine solche Beerdigung ungemein, und man wurde nicht müde zu bekunden, wie gütig und engagiert der Herzensgute doch gewesen war. Ein totales Schauspiel. Da saß ich nun, etwa elf Jahre alt, in einer finsteren Aussegnungshalle, um mich herum weinende Leute, vor mir ein riesiger Sarg mit Blumen und Kerzen. Aus der Orgel drang furchteinflößende Musik. Die Halle war kalt und düster. Schrecklich! Über den Tod hatte ich zuvor noch mit niemandem gesprochen. Dass jeder Mensch einmal sterben muss, war mir schon klar, nur wie eine solche Zeremonie abläuft, wusste ich nicht. Die erste Beerdigung, der ich beiwohnte, war ein riesiger Schock, an dem ich schwer zu knabbern hatte.

Ich fand die Szenerie bizarr und hatte Angst vor dem Sarg und vor all den Leuten, die ich nicht kannte. Später gingen wir auch noch an das offene Grab, wo der Sarg in ein tiefes Loch hinuntergelassen wurde. Und der Pfarrer sprach davon, dass Gott dem Nächsten aus unserer Mitte, den er zu sich hole, gnädig sein möge. Das gab mir den Rest. Bei mir kam an: Einer der Anwesenden wird als Nächster sterben! Ich war so schockiert darüber, dass ich zu heulen anfing, und alle dachten, ich sei traurig über den Tod dieses heldenhaften Menschen, der mir aber völlig gleichgültig war.

Ich hoffte nur, dass dieser Spuk endlich ein Ende haben würde. Ich war völlig aufgewühlt. Als ich wieder im Heim war, fragten mich ein paar Mädchen ganz neugierig, wie denn der Ausflug gewesen sei. Welcher Ausflug um Himmels willen? Ich wohnte dem totalen Horror bei. Als die Erzieherin den Mädchen erklärte, dass die Zuhal heute sehr, sehr traurig sei – da platzte mir endgültig der Kragen. Ich schrie sie an, dass ich überhaupt nicht traurig, sondern unglaublich wütend vor allem auf sie sei, weil sie mich, ohne zu fragen, auf diese gruselige Beerdingung geschickt hatte. Außerdem hätte sie mich belogen, indem sie mir vorgegaukelt hatte, ich würde einen Ausflug machen.

Die Erzieherin sah mich entsetzt an, schrie herum und erteilte mir Gartenverbot – die Höchststrafe, die man in diesem Heim bekommen konnte. Wochenlang gingen mir diese Szenen nicht mehr aus dem Kopf. Ich hatte schreckliche Angst, dass ich die Nächste sein würde, die stirbt, denn irgendeinen aus der Trauergemeinde müsse es ja treffen, das hatte schließlich der Pfarrer gesagt. Wochenlang rechnete ich damit, bald zu sterben. Der Tod spielte auch sonst immer öfter eine Rolle in meinem Leben. Viele Kinder, darunter auch meine Schulfreundin Elisabeth, kamen nach den Ferien oder Wochenenden nicht mehr zu uns zurück, weil sie unerwartet verstorben waren.

Im Übrigen war es anschließend auch mit der Förderung meiner außergewöhnlichen Begabung vorbei. Mit meinem Klavierlehrer wurde auch meine musische Förderung beerdigt, sogar das Blockflötespielen hatte sich erledigt. Einen Musikunterricht außerhalb des Schulunterrichts gab es anschließend nie wieder. Vermutlich wohnten zu wenige gelangweilte Studienräte in unmittelbarer Nähe, mir war das nur recht.

Diese Erfahrungen machten mich gegenüber Erziehern, Lehrern und Menschen, die vermeintlich nur unser Bestes wollten, sehr misstrauisch. Ich fing an, alles zu hinterfragen, und konnte keinem mehr so recht vertrauen. Ich hatte das Gefühl, besonders gut auf mich selbst aufpassen zu müssen, die Menschen hier taten es ganz offensichtlich nicht. Obwohl ich permanent ›die Türkin‹ genannt wurde, bekam ich Schweinefleisch serviert und musste den Teller leer essen. Jeden Sonntag hatte ich, wie die anderen Kinder, am Gottesdienst teilzunehmen. Weigerte ich mich, wurde ich bestraft. Ich konnte wie all die anderen das »Vaterunser« beten, der Nikolaus brachte aber nur den anderen Kindern Geschenke. Ich durfte immer nur zusehen. Fragte ich meine Erzieher nach dem Warum, hieß es nur: »Wieso, du bist doch Türkin, da gibt's doch gar kein Weihnachten.«

Die Jahre vergingen, in der Klasse gehörte ich immer zu den Besten. Ich hatte den Dreh raus, wie man dieses Leben im Heim am besten überlebte. Dass ich allerdings eine solche Power entwickelte, lag bestimmt an meiner Lieblingslehrerin Gerda Lang.

Sie war nicht nur im Unterricht für uns da, sondern auch an den Nachmittagen ansprechbar. Auf Gerda Lang war Verlass, wenn ich nicht wusste, wo ich hin sollte mit meinem Kummer, meinem Zorn, meiner Angst. Auch Jahre später, als ich längst schon in einer anderen Klasse war, blieb sie eine zuverlässige Bezugsperson für mich. Selbst wenn sich die ganze Welt gegen mich verschwören würde, sie würde zu mir halten. Wie bei dieser schrecklichen Sache, als ich verdächtigt wurde, tausend Mark aus der Gruppenkasse geklaut zu haben. Als ich nach einem Wochenende, das ich zu Hause bei meiner Familie verbracht hatte, zurück ins Heim kam, brach dieser ungeheuerliche Verdacht über mich herein. Ein Detektiv hätte Fingerabdrücke genommen, vom Schrank und von unseren Nachtkästchen, hieß es. Die Täterin sei also schon überführt. Um Schlimmeres zu verhindern, sollte sich die Diebin freiwillig melden. Natürlich meldete sich niemand, denn niemand fühlte sich angesprochen. Plötzlich öffnete sich die Tür und ein ominöser Detektiv kam hereinspaziert, der Einzelgespräche mit uns ankündigte. Heute bin ich mir sicher, dass dieser Typ ein Freund unserer Erzieherin war, der nur die Aufgabe hatte, uns einzuschüchtern.

Schließlich war ich mit dem Gespräch an der Reihe, und der Herr Detektiv sagte mir auf den Kopf zu, dass ich die Diebin sei. Man hätte meine Fingerabdrücke am Schrank und an der Gruppenkasse gefunden. Außerdem sei ich am Freitag als Letzte von meinem Vater abgeholt worden und hätte somit jede Menge Zeit für den Diebstahl gehabt. Daraufhin trat er in den Gruppenraum und verkündete, ich hätte gestanden. Ich protestierte aufs heftigste, aber es hatte keinen Sinn. Alle glaubten ihm. Das war die Hölle, denn dieses Gerücht machte blitzartig im ganzen Haus die Runde. Nur Gerda Lang hörte mir zu, und nicht nur das, sie versicherte mir, dass sie mir hundertprozentig glaubte. Sie begleitete mich zum Direktor und zum Heimleiter und verteidigte mich. Weder Direktor noch Heimleiter wussten irgendetwas von einem Detektiv. Sie taten die ganze Geschichte als Hirngespinst eines vierzehnjährigen Mädchens ab und lachten über meine lebhafte Phantasie. Ein paar Tage später war der Fall schließlich geklärt und ich wurde rehabilitiert – trotzdem blieb ein fader Nachgeschmack. Bis diese heillose Episode aus den Köpfen meiner Kameraden endgültig verschwunden war, dauerte es noch eine ganze Weile, und immer wenn irgendwo etwas verschwand, brach ich in Panik aus.

Durch diese schreckliche Erfahrung war mein Gerechtigkeitssinn endgültig erwacht. Ich passte seitdem nicht nur auf mich sehr genau auf, sondern auch auf meine Freunde. Den Respekt vor den Erziehern und den meisten Lehrern hatte ich endgültig verloren, und mir war klar: Wenn man sich nicht wehrt, machten sie mit einem, was sie wollten. Ich beschloss, mir nichts mehr gefallen zu lassen, und fing an, Erziehern und Lehrern zu widersprechen, denn sie hatten schließlich auch keine Skrupel, mich ungerecht zu behandeln. Ich hielt mit meiner Meinung nicht mehr hinterm Berg und mischte mich ein, auch dann, wenn sie der Meinung waren, dass es mich nichts anginge. Mein Engagement für mich und andere führte ständig zu einer negativen Beurteilung in meinem Führungszeugnis, das ich, wie alle, neben den Schulzeugnissen zweimal im Jahr bekam. Dort stand regelmäßig zu lesen, dass ich mich immer zu sehr in die Belange anderer einmischte und ich lernen müsse, mein aggressives Verhalten besser in den Griff zu bekommen. Außerdem fehle es mir an Respekt vor den Erwachsenen. Und ein Ordnungssinn sei sowieso nicht vorhanden. Ich hätte also noch eine Menge zu lernen.

Zum Glück verstanden meine Eltern nicht, was in diesen Zeugnissen stand, und ich übersetzte den Inhalt natürlich sehr frei, so gut ich eben mit den paar Brocken Türkisch noch irgendetwas von mir geben konnte, und drängte sie dazu, einfach zu unterschreiben. Bei meinen Freunden katapultierte mich meine furchtlose Haltung zwar ganz weit nach oben, aber den Erziehern war ich ein Dorn im Auge. Meist gab es das gefürchtete Gartenverbot.

Im Garten waren wir unter uns. Im Garten durften wir mit den Jungs zusammen sein. Nicht in den Garten zu dürfen hieß: keine Kontakte mit anderen, kein heimliches Sitzen in den Büschen, um den etwas Älteren beim Paffen der Zigaretten zuzugucken, kein heimliches Lesen der Aufklärungsseiten in der Bravo. Gartenverbot hieß auch, sich nicht am Kiosk der Klinik rumdrücken zu können, um dort vielleicht den heimlichen Schwarm ganz zufällig zu treffen. Gartenverbot war einfach grausam, und die Erzieherinnen wussten das. Ich jedenfalls saß nur allzu oft alleine im Gruppenraum und büßte mal wieder für mein vorlautes Mundwerk. Bei einem dieser Hausarreste fiel mir eine Zeitung in die Hände, in der ich gelangweilt blätterte, bis ich plötzlich die Zeile »Autogrammstunde mit Smokie« entdeckte. Mein Herz raste wie verrückt, denn ich hielt mich für den einzig wahren Smokie-Fan auf diesem Planten. Außerdem hatte ich im Heim unseren eigenen Smokie-Fanclub gegründet, und jeder, der Mitglied werden wollte, musste mich um Erlaubnis bitten und fünfzig Pfennig pro Monat an mich bezahlen. Dafür versorgte ich den Fanclub aber auch mit jedem Infoschnipsel, den ich finden konnte, und kopierte den Mitgliedern sogar Musikkassetten.

Da saß ich nun mit der Höchststrafe und der Information über die Smokie-Autogrammstunde, zu der ich, koste es, was es wolle, hingehen musste. Nie im Leben würden mir die Erzieherinnen das erlauben. Ich musste mir also etwas einfallen lassen und zwar schnell, denn die Autogrammstunde war schon in zwei Tagen. Als Fräulein Maria und die anderen Mädels von der Turnhalle zurückkehrten, entschuldigte ich mich erst einmal für mein ›Vergehen‹ bei ihr, was sie überrascht zur Kenntnis nahm. Als ich ihr zusätzlich noch versicherte, dass ich meinen Fehler auch wirklich eingesehen hätte, war sie hochzufrieden mit mir und erließ mir die restliche Woche Hausarrest. Damit hatte ich nun wahrlich nicht gerechnet, aber okay.

Fräulein Maria diskutierte gerne mit uns und am liebsten über Themen, bei denen alle mitreden konnten. Bevor sie beim Abendessen wieder irgendeine Diskussion über Gehorsam und Respekt vor Erwachsenen und Eltern oder wozu Regeln gut sind, anzettelte, schlug ich vorlaut, wie ich nun einmal auch war, das Thema: »Mein größter Traum« vor. Fräulein. Maria lobte meine Initiative und fragte so gleich in die Runde, eine lebhafte Diskussion begann. Nach meinem großen Traum gefragt, sagte ich, dass ich eigentlich keinen hätte, vielleicht würde ich gerne mal meine Lieblingsstars treffen.

Fräulein Maria war mir in die Falle gegangen. Am nächsten Abend saß sie auf dem Sofa und strickte, als ich ihr ganz wie nebenbei von dieser Autogrammstunde erzählte und wie gerne ich dorthin gehen wollte. Ich weiß nicht, ob sie meinen perfiden Plan durchschaute, aber sehr zu meiner Überraschung sagte sie, dass sich mein Verhalten seit gestern so gebessert habe. Ich sollte also diese Chance bekommen. Natürlich wurden Sondergenehmigungen stets an irgendwelche Bedingungen geknüpft, und so wurde ich verpflichtet, vierzehn Tage lang den Tisch für alle Mädchen zu decken und die Wäsche, die einmal die Woche aus der hauseigenen Waschküche angeliefert wurde, nach Namen zu sortieren – in jedem Kleidungsstück war der Name des Kindes eingenäht, dem die Wäsche gehörte – und den Mädchen auf das Bett zu legen. Was aber tut man nicht alles, um einem angehimmelten Star leibhaftig gegenüberzusitzen?

In Begleitung von Beate, unserer Praktikantin, ging es am nächsten Tag ins Hiltonhotel. Jede Menge Mädchen drängten in die Lobby und versuchten die besten Plätze zu ergattern, denn jeden Augenblick konnte die Tür aufgehen und ›Smokie‹ eintreten. Beate wurde immer nervöser, denn immer wieder kam die Durchsage, dass sich die Band verspäten würde. Sie hatte versprochen, mich zum Abendessen wieder im Heim abzuliefern. Zwischenzeitlich hatte sich Smokie schon zwei Stunden verspätet, niemals würden wir pünktlich wieder im Heim sein. Schließlich beschloss Beate aufzubrechen und meine Begegnung mit Smokie zunichtezumachen. Zum Glück sollte es aber soweit nicht kommen. Zwei Herren vom Sicherheitspersonal kamen auf mich zu und schoben mich an den Tisch, an dem die Herren Musiker gleich Platz nehmen würden. Mir schlug das Herz bis zum Hals und ich war mächtig stolz, dass ich als Einzige am Tisch auf Smokie warten durfte. Die anderen Fans mussten hinter einer Glaswand ausharren, bis ich an den vier Stars vorbei war und meine Autogramme bekommen hatte. Leider wurde ich schneller weitergeschoben, als mir lieb war – aber immerhin, ich saß meinem großen Schwarm Chris Norman gegenüber, und für diesen Augenblick hätte ich mich auch eine Woche lang in den finstersten Kerker sperren lassen.

Beate nahm den Rüffel wegen unserer Verspätung gelassen hin und war nicht sauer auf mich. Und ich, ich musste nun nicht nur vierzehn Tage den Tisch decken, Schuhe putzen und Wäsche sortieren, meine Strafe wurde verdoppelt, und obendrauf gab es – wie sollte es anders sein – Gartenverbot und den Ausschluss von gemeinschaftlichen Veranstaltungen. Egal, ich war die Heldin und ich hatte es geschafft, die Autogrammstunde zu besuchen! Als ich diesen Plan ausheckte, kam ich mir sehr schäbig vor, ich hatte Fräulein Maria hintergangen und musste dafür nun büßen. Eine solche Strategie habe ich im Übrigen nie wieder gefahren, dazu hatte ich einfach ein zu schlechtes Gewissen und das Gefühl, dass sich eine solche Hinterhältigkeit irgendwann rächt.

Wider der Willkür

Meine schulischen Leistungen blieben gut, so dass ich irgendwann in die Wirtschaftsschule übertreten sollte, die einzige weiterführende Schule, die für uns überhaupt in Frage kam, weil sie im gleichen Haus untergebracht war. Wobei die Klassen meistens aus Jungs bestanden. Auf eine reguläre weiterführende Schule zu gehen, war damals schlicht nicht drin. Abitur? Fehlanzeige. Wozu brauchte ein Behinderter auch Abitur? Die Pädagogen standen auf dem Standpunkt, dass irgendeine Tätigkeit in einem Büro schon mehr war, als wir erwarten konnten. Insofern war die Wirtschaftsschule schon das höchste der Gefühle, und diese Chance durfte man auf keinen Fall vermasseln. Frau Pauler, meine Klassenlehrerin, ›drückte‹ uns einfach so durch. Drei Schüler aus ihrer Klasse, darunter ich, hatten einen erstaunlich guten Notendurchschnitt, so dass wir keine Aufnahmeprüfung machen mussten. Sehr zum Ärger mancher unserer

Freunde, die uns eine Zeitlang mieden, weil sie eine Aufnahmeprüfung machen mussten. Ich war also gesetzt. Mein Platz war gesichert. Wirtschaftsschule, eigentlich gar nicht meine Sache. Mir lagen Sprachen, Geisteswissenschaft oder musische Fächer – mit Mathe stand ich zeitlebens auf Kriegsfuß. Trotzdem: Ich war einfach nur glücklich, dass ich auf diese höhere Schule gehen durfte, ich würde mich schon durchschlagen, irgendwie. Mir war nur wichtig, einen höheren Schulabschluss, also die mittlere Reife, zu schaffen, um einfach nur den Hauch einer Chance auf einen interessanten Beruf zu haben.

Nach den Sommerferien sei endgültig Schluss mit meiner Faulenzerei, da würde ich mich ganz schön umsehen, meinte meine damalige Erzieherin. Dann könne ich mir meine ganzen Frechheiten nicht mehr leisten, denn in der Wirtschaftsschule, da würde ein anderer Wind wehen. Ich hatte verstanden: Die Erzieherinnen trauten mir diese Wirtschaftsschule nicht zu und freuten sich schon jetzt auf mein Scheitern.

Herr Bernberger, der gefürchtetste Lehrer überhaupt, wurde unser Klassenleiter, und das verhieß nichts Gutes. Er unterrichtete BWL und Buchführung, und von Anfang an hatte er uns drei, die wir aus der Klasse von Frau Pauler kamen, auf dem Kieker. Er setzte uns so sehr unter Druck, dass ich am liebsten freiwillig das Feld geräumt hätte. Meine Leistungen in Algebra waren wahrlich nicht besonders, aber ansonsten war ich genauso gut wie die anderen. Trotzdem stellte mich Bernberger regelmäßig bloß, indem er mich ständig aufrief und mir weniger Punkte gab, als mir zustanden, mit der Begründung, dass er mich damit nur zu besseren Leistungen anspornen wolle. Für mich war das die reinste Schikane, er wollte nicht, dass ich auf diese Schule ging, warum auch immer.

Bereits nach ein paar Wochen verkündete er vor der ganzen Klasse, dass ich auf der Hauptschule besser aufgehoben wäre und dass sich meine Mitschüler lieber nicht zu sehr an mich gewöhnen sollten, weil ich vielleicht bald nicht mehr in diese Klasse gehen würde. Er hatte Spaß daran, mich niederzumachen, und genoss seine Macht. Die beiden anderen hatten auch keinen besseren Stand. Der Mann wollte uns loswerden. Doch so leicht wollte ich es ihm nicht machen. Er hatte meinen Kampfgeist geweckt und ich hatte nichts zu verlieren. Ich verbesserte meine Leistungen in allen Fächern, so dass ich nur noch bei ihm in BWL und Buchführung auf einer schlechten Vier stand, und in Algebra auf Fünf. Eine alles entscheidende Schularbeit in BWL stand an, als der Direktor in unser Klassenzimmer kam und uns mitteilte, dass Evi am Wochenende verstorben war. Die Nachricht schockierte uns, einige fingen an zu weinen. Evi war nicht nur meine Zimmergenossin, sondern auch meine Banknachbarin in der Klasse. Wir gingen davon aus, dass Herr Bernberger die Schularbeit verschieben würde, doch er dachte nicht im Traum daran. Er richtete noch ein paar Worthülsen an uns, erklärte, dass das Leben nun mal so sei, wie es ist, und dass wir alle auch ohne Evi nach vorne blicken müssten. Und was die Klassenarbeit betraf, die könne er nicht verschieben, denn die Zwischenzeugnisse stünden an und er brauche dafür noch diese Note. Also öffnete er doch tatsächlich seine Tasche und verteilte wortlos die Aufgaben, guckte auf die Uhr sagte: »Die Zeit läuft.«

Unsere Gruppe und einige aus der Klasse fuhren zwei Tage später auf Evis Beerdigung. Der Tod gehörte zu unserem Leben. Gerade Kinder, die an einer Muskelerkrankung litten, verstarben oft sehr jung. Die Klassenarbeit verhaute ich natürlich und bekam eine glatte Sechs, weil ich ein leeres Blatt abgegeben hatte. Mit einem spöttischen Grinsen und der Bemerkung »das war's dann wohl« gab er mir meine Arbeit zurück und verkündete lautstark: »Ich schätze, von der Zuhal werden wir uns verabschieden müssen.« Das leere Blatt, das ich abgegeben hatte, werteten die Lehrer in ihrer Konferenz als Arbeitsverweigerung, was dazu führte, dass ich noch vor Ablauf der Probezeit auf Betreiben von Bernberger gefeuert wurde. Mathe und der ganze Wirtschaftskram waren sowieso nichts für mich, und die Aussicht, diesen fiesen Menschen nicht mehr täglich sehen zu müssen, machte mir meine Rückkehr in die Hauptschule sehr leicht. Die anderen beiden schafften ihre Probezeit im Übrigen auch nicht. Dass wir sie nicht bestanden hatten, lag nicht an unseren Leistungen, wir büßten für irgendetwas, das mit uns absolut nichts zu tun hatte.

Als mir mein Bruder Aykut erzählte, dass die Lehrer versuchten, den Übertritt seiner Tochter Gözde aufs Gymnasium zu verhindern, erinnerte ich mich an meine eigene Situation und wurde unglaublich wütend, dass man meiner Nichte Steine in den Weg legen wollte. Der Lehrer soll doch tatsächlich gesagt haben, dass Deutschland auch gute Handwerker brauche, warum er also seine Tocher aufs Gymnasium quälen wolle. Sie empfahlen, wenn überhaupt, die Realschule. Aykut und Cigdem, seine Frau, waren sich aber einig, sich nicht abwimmeln zu lassen, und bestanden auf den Übertritt aufs Gymnasium. Gözde macht demnächst ihr Abitur! Dicht gefolgt von ihrer kleinen Schwester Elif. Jedenfalls bin ich stolz auf meine Mädels und ihre Eltern, denen durchaus bewusst war, dass sie ihren Kindern ab einem bestimmten Zeitpunkt wissensmäßig nicht mehr würden helfen können. Auch meine Neffen Volkan, Oltan und Vural haben vernünftige Schulabschlüsse und eine abgeschlossene Berufsausbildung und sie sind sehr erfolgreich in ihren Jobs. Deshalb geht mir die ganze Diskussion über »integrationsunwillige und bildungsferne« Menschen, die man vor allem unter den Türken vermutet, ziemlich auf die Nerven.

Als ich damals, aus welchen Gründen auch immer, zurück auf die Hauptschule musste, hatte ich zum ersten Mal das Gefühl, dass man mein Weiterkommen aktiv verhindern wollte. Ich weiß nicht mehr, welcher Erzieherin ich ›anvertraut‹ war, denn innerhalb des Betreuungspersonals fand eine rege Fluktuation statt. Fast jährlich wechselten die Erzieher, mit Ausnahme einiger Hardliner. An neue Zivis und Praktikantinnen musste man sich ohnehin ständig gewöhnen. Meine damalige Erzieherin jedenfalls schien sich zu freuen, dass ihre Weissagung eingetreten und ich gescheitert war. Ich war am Boden zerstört, und da kam mir eines Abends die wöchentliche Schrankkontrolle gerade recht. Evi war gestorben, ich war von der Schule geflogen, und niemand spendete mir Trost. Ich lag auf dem Bett, trauerte um Evi, die Tränen liefen mir übers Gesicht, da hörte ich wieder das mir absolut verhasste Wort: »Schrankkontrolle!« Schrankkontrolle bedeutete nichts als Schikane. Freilich waren wir nicht so blöd, Zigaretten oder andere verbotene Sachen im Schrank unterzubringen, da hatten wir ganz andere Verstecke. Schrankkontrolle, erklärten die Erzieherinnen, soll uns helfen, Disziplin und Ordnung zu lernen. Wir mussten uns vor unseren geöffneten Schränken aufstellen und die Erzieherinnen schritten musternd von einem zum nächsten.

Einige zogen aus diesen Schrankkontrollen ihren ganzen Selbstwert – sie waren stets die Besten, wurden ausgiebig gelobt und ihre Schrankordnung war ›vorbildlich‹. Andere hatten offensichtlich kein Talent zum perfekten Schrankeinräumen oder es war ihnen egal, wie der Schrank aussah – und dazu gehörte ich. Mein Motto lautete: mein Schrank, mein Chaos.

Meine Klamotten landeten bei einer Schrankkontrolle regelmäßig auf dem Boden. Dann kletterte ich aus dem Rollstuhl, setzte mich mitten in den Berg Wäsche hinein und faltete sorgfältig meine Klamotten zusammen. Bei den oberen Fächern, an die ich nicht reichte, zeigten die Erzieherinnen Gnade, aber die unteren Fächer waren nie nach ihren Vorstellungen. Es kam oft vor, dass ich noch vor meinem Schrank saß, während die anderen sich schon vor dem Fernseher versammelten und Dalles oder Denver Clan sehen durften, weil auch die Erzieherinnen diese Sendungen mochten.

Jahrelang hatte ich diesen Mist mitgemacht, jetzt hatte ich die Nase voll und zettelte meine ganz persönliche Schrankrevolution an. Die Erzieherin brüllte: »Zuhal, Schrankkontrolle!!!« Ob ich denn taub sei. Ich brüllte zurück, dass sie doch einfach die Tür aufmachen und wie immer den ganzen Kram auf den Boden werfen, oder noch besser, ihn nach ihrem Geschmack aufräumen solle, ich hätte dafür jetzt keine Zeit. Ich blieb eisern. Und tatsächlich: Meine Klamotten lagen, wie auch nicht anders zu erwarten war, vor dem Schrank auf dem Boden. Ich ließ sie liegen und bediente mich eben von dort – ich hatte keine Lust mehr auf diesen Krampf. Gab es denn nichts Wichtigeres, als diese dämlichen Schrankkontrollen?

Als ich nach zwei Tagen aus der Schule kam, war das Chaos beseitigt. Wer auch immer meine Klamotten wieder in den Schrank zurückgelegt hatte, ich habe es nie herausgefunden. Ich möchte jetzt nicht behaupten, dass meine Verweigerung dazu geführt hat, dass diese unsäglichen Kontrollen eingestellt wurden, vielleicht aber hat sie zum Nachdenken angeregt? Denn es gab sie immer seltener. Natürlich setzte es wegen meiner Widerborstigkeit mal wieder eine Strafe. Dieses Mal wurde ich vom Wochenendprogramm ausgeschlossen. Für uns war es toll, am Wochenende mal die Gemäuer des Heims verlassen zu können und andere Menschen zu sehen. Früher steckten die Menschen einem andauernd Geld zu, egal ob mitten auf der Straße oder in der Straßenbahn. Sie strichen mir über den Kopf und blickten mich mitleidig an – so ein hübsches Mädchen und so ein Schicksal. In meiner Sturm-und-Drang-Zeit raunzte ich die Leute oft an, dass ich weder ihr Geld noch ihr Mitleid wollte. Irgendwann aber änderte ich meine Einstellung. Was sollte ich denn schon gegen eine kleine Finanzspritze, die mein klägliches Taschengeld aufbesserte, haben. Und wenn die Leute auf diese Weise ihr Gewissen beruhigten: Mir sollte es recht sein. An jenem Wochenende sollte es ins Kino gehen und ich durfte nicht mit und wurde zu den großen Mädchen in die Gruppe geschickt. Was so schlecht auch nicht war. Dort gab es Kaffee, Tee und Kuchen und man sah sich einen netten Spielfilm im Fernsehen an. Es gab Schlimmeres, als mit Schokolade und Kuchen vollgestopft zu werden, dachte ich mir und fand die Strafe ganz erträglich. Als die Mädels zum Abendessen wieder ins Heim kamen, hatten sie, wie zu erwarten war, ein zusätzliches Taschengeld bekommen, von Passanten, die vom Anblick der armen Behinderten ganz gerührt waren.

Meine Zeit im Heim ging langsam zu Ende. Ich war in der neunten Klasse der Hauptschule und sollte – weil man nicht wusste, wohin

man mich schicken sollte – ein weiteres Jahr im Heim für Körperbehinderte bleiben und die völlig sinnlose einjährige kaufmännische
Berufsfachschule absolvieren. Ein paar Monate vor Schuljahresende
kam wieder einmal ein Berufsberater vom Arbeitsamt. Er sollte herausfinden, wo unsere Begabungen lagen und welche Tätigkeiten wir
aufgrund unserer Behinderung überhaupt ausüben konnten. Schon
in den ersten Minuten seines Vortrages nahm er uns jede Illusion.
Schnell machte er uns klar, dass wir praktisch null Chancen hätten,
da ›draußen‹. Wir sollten also alle Möglichkeiten nutzen, die uns das
Arbeitsamt bietet. »Ihr könnt es euch nun mal nicht aussuchen«, so
seine Botschaft. Und es müsse uns klar sein, dass wir nie so viel leisten können wie Nichtbehinderte. Mit anderen Worten, Klappe halten und dankbar für alles sein, was uns die Menschen bereit waren zu
geben. Klappe halten und demütig sein, sich minderwertig und nutzlos fühlen, darin waren wir sehr gut. Die ganze Pädagogik war ja
darauf ausgerichtet, uns zu Dankbarkeit zu erziehen. Wir sollten uns
ja nicht einbilden, dass wir irgendeine Wahl oder ein Anrecht auf irgendetwas hätten.

Die Angebote, die er in der Tasche hatte, waren dieselben wie
schon im Jahr zuvor: Kunsthandwerk, eine Tätigkeit in einer Tele-
fonzentrale – und für mich gab es jetzt sogar noch die Aussicht auf
einen Hilfstätigkeit in einem Büro, die sich in Postfrankieren und
Papierlochen erschöpfte. Ich habe gegen all diese Tätigkeiten nichts
einzuwenden, mich ärgerte nur, dass es nicht darum ging, herauszu-
finden, was wirklich möglich war, sondern darum, uns wenn möglich
in die nächste Einrichtung zu bringen, wo wir weiter ›verwaltet‹ werden sollten. Ich hatte auch nichts gegen Einrichtungen für Behinderte, für manche war das ein Segen und oftmals gab es keine andere
Alternative, aber ich hatte etwas dagegen, kein Mitspracherecht an
meinem Leben, an meiner Zukunft zu haben.

Im Einzelgespräch plädierte er für das Kunsthandwerk und speziell die Seidenmalerei. Er hielt mir Bilder unter die Nase, die ich im
Unterricht gemalt hatte, und überschlug sich vor Bewunderung. Mir

war klar: Der Mann hatte einfach nicht mehr alle Tassen im Schrank. Im kunsthandwerklichen Bereich sagte er mir eine große Karriere voraus: »Du malst doch so gerne und so gut. Das wäre doch etwas für dich, oder? Was meinst du, was man da alles machen kann!«, schwärmte er. Und verdienen würde ich zudem auch nicht schlecht: zweihundert Mark im Monat. Mehr bräuchte ich nicht, denn für meine Unterkunft und Verpflegung käme schließlich der Staat auf. »Ist das nicht toll? Das ganze Geld nur für dich.« Und einen ›Arbeitsplatz‹ hatte er offensichtlich auch schon für mich organisiert. Ich winkte ab. Seidenmalerei und überhaupt Kunst, das sei nichts für mich. Auch sein nächstes Angebot, der Traumjob an der Pforte des Finanzamts oder des Kreisverwaltungsreferats in München, sagte mir nicht zu. Nein, all das wollte nicht. Sein Ton wurde zunehmend schärfer, und schließlich meinte er mit fester Stimme, dass mir meine Widerspenstigkeit noch schaden würde und dass ich am Ende gar nichts machen könne, weil ich mir für alles zu schade sei. Ich sei vermessen und solle nicht glauben, dass ich auch nur in Ansätzen etwas Sinnvolles für die Gesellschaft beitragen könne. Im Gegenteil. Der Staat würde ein Leben lang für mich sorgen müssen und ich könne froh sein, in einem Land wie diesem leben zu dürfen. Schließlich wollte er wissen, was Fräulein Superschlau, so hatte er mich auch schon im Jahr zuvor genannt, denn stattdessen machen möchte, und ich antwortete: Schule. Mittlere Reife, Abitur – jedenfalls keinen Idiotenjob, gab ich patzig zurück. Er lächelte gelangweilt, zwirbelte an seinem seltsamen Bart und meinte herablassend: »Mädchen, wozu denn das? Da bist du dann vielleicht recht klug, aber brauchen tut dich da draußen – außerhalb des Heims – trotzdem keiner. Du kannst nun mal nicht viel, also nutze das, was ich dir biete«, waren seine letzten Worte. Das saß! So viel hatte ich verstanden: Hilfe war von diesem Mann nicht zu erwarten. Er sprach mit mir wie mit einem kleinen Kind. Aber ich war nicht mehr länger bereit, mich einschüchtern zu lassen, und sagte nur: »Das werden wir ja sehen« und rollte aus dem Raum. Ich musste mein Leben selbst in die Hand nehmen, und mir war klar, ohne Schule wird das nichts.

Die Stimmung vor dem großen Abschied war seit Wochen sehr gedrückt. Die wenigsten wussten, wie es weitergehen würde in ihrem Leben. Ein paar Freunde hatten die Wirtschaftsschule bestanden und fanden einen Ausbildungsplatz zum Bürokaufmann. Manche durften sich versuchsweise als Schreibkräfte bewähren, andere landeten im Kunsthandwerk oder tatsächlich an der Pforte einer Behörde, bei der Bahn und manchmal bei der Bundeswehr im Büro. Für die allermeisten freute ich mich sehr, dass ihnen nicht ausschließlich das heimische Sofa drohte und sie eine Perspektive hatten. Über ein paar andere Freunde aber ärgerte ich mich. Ich verstand nicht, weshalb sie wieder und wieder andere über ihr Leben bestimmen ließen. Warum sie ihre Träume aufgaben und sich einreden ließen, dass sie nicht gebraucht würden. Im Vorfeld gab es hitzige Diskussionen und auch Streitereien, die einzig den Schluss zuließen: Die Zuhal ist ja nur neidisch, weil sie nichts hat. In der Tat, meine Zukunftsaussichten waren nicht gerade rosig. Ich musste wieder bei null anfangen. Aber ich hatte nicht andere über mich bestimmen lassen, sondern meinen Willen und meine Vorstellung durchgesetzt, auch wenn ich kein richtig gutes Gefühl dabei hatte. Irgendetwas in mir sagte: Halte durch, kämpfe!

Nachdem ich vom Arbeitsamt keine Hilfe erwarten konnte, telefonierte ich mit der Schulleiterin der Stiftung Pfennigparade, einer weiteren Einrichtung für Körperbehinderte in München, und fragte absolut naiv nach, ob ich nach den Sommerferien die Realschule besuchen könnte, denn meine Zeugnisse von der Hauptschule und der einjährigen Berufsfachschule, wo uns Grundkenntnisse in Stenografie, Schreibmaschineschreiben, Buchführung und anderen typischen Bürotätigkeiten vermittelt worden waren, sprächen doch für sich. Aber allem Anschein nach wusste man über den Bildungsstand der Kinder aus dem Heim Bescheid und hielt nicht viel davon, deshalb musste ich, trotz bester Noten, eine Aufnahmeprüfung machen.

Offensichtlich hatte man in dieser Einrichtung ein ganz anderes pädagogisches Konzept, was die Förderung von behinderten Kindern und Jugendlichen betraf, denn Frau Dr. Vierer, die Direktorin der Real- und Fachoberschule, beglückwünschte mich zu meiner Entscheidung, weiter zur Schule gehen zu wollen. Es sei nämlich gerade für behinderte Menschen enorm wichtig, eine gute Schulausbildung zu haben, weil sie es ungleich schwerer hätten als Nichtbehinderte. Ich verstand die Welt nicht mehr. Hatten wir vielleicht doch eine Chance da »draußen«? Ich war erleichtert. Immerhin wusste ich jetzt, was ich nach den Ferien tagsüber machen würde. Wo ich allerdings wohnen sollte, das wusste ich nicht, denn einen Platz in einer Wohngruppe konnte mir die Pfennigparade nicht anbieten – alles voll! Das bereitete mir die größte Sorge. Meine Eltern und Geschwister lebten in einer Dreizimmerwohnung im dritten Stock – es gab zwar einen Lift, aber der funktionierte schon seit Jahren nicht und würde auch in den nächsten Jahren nicht repariert werden. Mein Vater würde mich nie und nimmer täglich rauf- und runterschleppen können, außerdem wollte ich einfach nicht bei meinen Eltern leben.

Meine Eltern verstanden nicht, weshalb ich aus dem Internat entlassen wurde, wenn ich dann doch weiter zur Schule ging. Dass das meine Entscheidung war, erzählte ich ihnen nicht. Ich behauptete, dass die Lehrer das so bestimmt hätten. Niemand erklärte ihnen meine Situation, deshalb tat ich es. Warum ich nach den Ferien erst einmal bei ihnen wohnen musste, begründete ich damit, dass alle Plätze in dem neuen Internat belegt seien, man sich aber um etwas Passendes für mich kümmern würde. Und in ein paar Wochen würde man mir sicher eine Unterkunft anbieten. Das stimmte natürlich nicht. Niemand stellte mir irgendeine Bleibe in Aussicht. Meine Eltern waren überzeugt davon, dass der Staat sich in ganz besonderem Maße um die Behinderten sorgte. Sie wussten aber nicht, dass ich mir meine Chancen bereits verbaut hatte, indem ich diesem Menschen vom Arbeitsamt den Kampf angesagt hatte. Woher hatte ich bloß diesen Dickschädel und den Hang zum Pokern – vielleicht von meinem Vater?

Im dritten Stock ohne Lift

Zehn Jahre Heim lagen nun hinter mir, und das kümmerliche Ergebnis: Hauptschulabschluss und eine einjährige kaufmännische Berufsfachschule, die praktisch nichts wert war. Wahnsinnig viel gelernt hatte ich in dieser Zeit nicht. Dafür entwickelte ich eine unglaubliche Fertigkeit im Schuhebinden, Schrankeinräumen, Tischdecken, Geschirrabtrocknen und Bettenmachen. Was allerdings das Leben ausmacht, davon hatte ich keine Ahnung. Ich war achtzehn Jahre alt und sollte mit null Perspektive in die ›Freiheit‹ entlassen werden. Mir graute vor dem Leben da draußen und ich wusste nicht, wie ich es bestehen sollte. Wir alle hätten unsere Zeit im Heim noch gerne verlängert, aber das ging nicht. Die meisten wussten nicht, was ihnen die Zukunft bringen würde. Ich hatte das Gefühl, einzig zwischen Pest und Cholera wählen zu dürfen.

Kaum vorbereitet auf das Leben, saßen wir am letzten Tag auf unseren gepackten Koffern und warteten darauf, von den Eltern abgeholt zu werden. Mir machte das lange Warten längst schon nichts mehr aus. Obwohl meine Eltern in München wohnten, kam mein Vater in all den Jahren regelmäßig zu spät. Ich weiß nicht, ob er mich absichtlich warten ließ, um mich spüren zu lassen, wie aufwendig es war, mich zu holen, und wie sehr es ihm gegen den Strich ging, oder ob er einfach nicht früher kommen konnte. Umgekehrt war ich dafür aber auch immer die Erste, die nach den Ferien oder Wochenenden wieder im Heim abgeliefert wurde.

Am Knattern des Motors erkannte ich immer schon seinen grünen Fiat, mit dem er jedes Mal die lange Auffahrt hochfuhr, ohne mich dabei anzusehen. Meistens stieg er wortlos aus, verfrachtete mich auf den Rücksitz, klappte den Rollstuhl zusammen, setzte sich ans Steuer und fuhr los. Und weil ich so klein war und nicht aus dem Fenster sehen konnte, sah ich die ganze Fahrt über nur den Himmel und manchmal eine Ampel. Ich hielt mich am Türgriff fest und tröstete mich damit, dass das Wochenende oder die Ferien ja auch wieder vergehen würden.

Dass meine Eltern jetzt bei meiner allerletzten Abreise nicht kommen würden, wusste ich. Sie waren, wie immer ohne mich, schon längst auf dem Weg in die Türkei. Dieses Mal bekam ich ihre Abreise wenigstens nicht mit. Sonst war ich immer dabei, wenn sie noch ihre restlichen Sachen zusammenpackten, aufgeregt von einem Zimmer ins andere rannten und zeitig zu Bett gingen, damit sie möglichst früh aufbrechen konnten. Manchmal machte mein Vater einen Scherz und sagte: »Komm, Zuhal, pack deine Sachen, dieses Mal nehme ich dich mit.« Als er das zum ersten Mal sagte, war ich so aufgeregt, dass mir vor Freude die Tränen herunterliefen. Ich suchte schnell meine Sachen zusammen und glaubte wirklich, dass ich mitfahren dürfe in die Türkei. Als ich alles zusammengetragen hatte und darauf wartete, dass meine Mutter nun alles in den Koffer packte, hörte ich meinen Vater lachen. »Zuhal«, sagte er, »ich hab doch nur

Spaß gemacht. Du bist doch viel zu schwach. Du würdest diese lange Fahrt nicht überstehen, und sterben willst du ja wohl nicht.« Ja, da hatte er recht. Ich wollte nicht sterben, aber in die Türkei wollte ich trotzdem. Wenn er zukünftig wieder einen witzigen Moment hatte und mir eine Mitreise in Aussicht stellte, hörte ich nicht mehr hin. Ich setzte mich in eine Ecke und sah ihnen beim Packen zu. Die Einzige, die mich tröstete, war meine Mutter. Aber ihr Wort hatte bei meinem Vater wenig Gewicht. Selten gelang es ihr, eine Entscheidung zu meinen Gunsten zu beeinflussen. Mein Vater hatte klare Vorstellungen und interessierte sich wenig für ihre Meinung. Er war der typische türkische Patriarch, und alle anderen hatten sich ihm unterzuordnen.

Während viele Freunde, meine Eltern und Geschwister in den Urlaub fuhren, blühte mir mal wieder Balkonien. Mich würde wieder irgendein Verwandter oder Bekannter der Familie abholen und sechs Wochen auf mich aufpassen – nur wer dieses Mal das große Los gezogen hatte, wusste ich nicht.

Nach und nach leerte sich die Halle. Da saß ich nun mit meinen beiden kleinen Koffern, dem Karton und dem riesigen Teddybären, den mir eine Freundin zum Abschied geschenkt hatte, weil sie zu Hause keinen Platz dafür haben würde, und wartete darauf, abgeholt zu werden. Einen Platz für dieses Ungetüm hatte ich auch nicht. Ich wusste ja nicht einmal, wo mein künftiges Zuhause sein würde. Ich nahm dieses zottelige Ding aber trotzdem mit, vermutlich um irgendetwas zu haben, an das ich mich klammern konnte.

Viele Händedrucke, viele Tränen und das beklemmende Gefühl, dass mit diesem Abschied auch Freundschaften zu Ende gehen werden, denn wir alle kamen aus irgendeiner Ecke in Bayern – wann und wie sollten wir uns also je wiedersehen?

Seit Jahren führte ich ein regelrechtes Doppelleben. Im Heim war ich die Türkin, zu Hause die Deutsche. Dieser Spagat zwischen den beiden Kulturen machte mir, je älter ich wurde, immer mehr zu schaffen. Ich war nicht Fisch, nicht Fleisch. Unter meinen Freunden fühlte ich mich wohl, war glücklich und konnte sein, wie ich war. Die deutsche Mentalität war mir inzwischen lieb geworden und ich identifizierte mich damit. Von der türkischen wusste ich zu wenig, zumal ich nicht richtig Türkisch konnte. Im Heim war ich die Kämpferin, die, die den Mund aufmachte, war selbstbewusst und ließ mir wenig gefallen, legte mich schon mal mit Erziehern und Lehrern an und widersprach. Bei meiner Familie war ich ein ganz anderer Mensch. Da war ich ruhig, schüchtern, zurückhaltend. Ich hatte noch nicht raus, wie ich mich am besten verhalten sollte, was angebracht war, was nicht. Ich kannte meine Eltern und meine Geschwister ja kaum. Würden wir uns je annähern können oder würde ich immer das verlorene Kind bleiben, als das ich mich fühlte?

All das ging mir durch den Kopf, als es bereits dämmerte und ein mir unbekannter Onkel und seine Frau endlich am Heim ankamen. Meine Eltern wussten schon, warum sie mir nicht erzählt hatten, mit wem ich die nächsten sechs Wochen verbringen würde, ganz bestimmt wäre ich dann abgehauen. Er war der Sohn einer entfernten Tante meines Vaters und somit irgendwie ein Onkel, auch wenn keine direkte Verwandtschaft bestand. Sie entschuldigten sich mehrfach beim Heimleiter, packten mich ins Auto, und schweigend fuhren wir meiner ungewissen Zukunft entgegen.

Diese Sommerferien waren die schrecklichsten meines Lebens. Mein Onkel musste immer sehr früh aufstehen und meine Tante arbeitete halbtags, so dass ich tagsüber alleine war. Aber das kannte ich ja schon und das machte mir auch nichts mehr aus. Und weil die beiden nur eine kleine Zweizimmerwohnung hatten, zogen sie für die Dauer der Sommerferien in die Wohnung meiner Eltern – wenigstens das. So hatte ich das Gefühl, dass nicht ich, sondern sie zu Gast waren.

Aus meiner Erfahrung, wie die Sommerferien all die Jahre zuvor abgelaufen waren, wusste ich, dass ich möglichst viele Dinge zur Beschäftigung mitnehmen musste, und so besorgte ich mir jede Menge Bücher, die meisten schenkte mir Gerda Lang, Blöcke und Stifte, so dass ich tagsüber lesen, malen, Tagebucheinträge machen konnte – blöderweise passierte aber in den Ferien sehr wenig, so dass Tagebuch schreiben überhaupt keinen Sinn machte. Ich fing an, Gedichte zu sammeln und auch selbst welche zu schreiben, die aber nichts taugten, und sah ein, dass ich der Nachwelt keine Werke hinterlassen würde. Ich versuchte zu malen, aber auch das sah einfach komisch und unmotiviert aus. Jetzt war meine Blockflöte an der Reihe, vielleicht steckte ja eine kleine Musikerin in mir? Nix, die Töne, die ich zustande brachte, glichen eher dem Schrillen einer Sirene. Nichts, keine Talente, keine Beschäftigung. Im Zeitlupentempo vergingen die Tage, und die meiste Zeit davon starrte ich aus dem Fenster und träumte mir die Welt schöner, als sie für mich war.

Meistens beobachtete ich die Bewohner im gegenüberstehenden Haus. Vor allem die beiden älteren Damen. Ich wusste genau, wann sie ihre Fenster öffneten, um ihre Betten auszulüften, wann sie ihre Pflanzen auf ihrem kleinen Balkon gossen und wann sie die Vorhänge am Abend zuzogen, auf Dauer war auch das ziemlich öde. Manchmal legte ich mich aufs Sofa und hoffte einfach die Wochen durchzuschlafen, aber auch damit konnte ich die Zeit nicht vertreiben.

Ich nähte Puppenkleider, auch wenn ich schon lange nicht mehr damit spielte. Nähen, das konnte ich, das hatte ich wohl von meinem Vater geerbt. Und es war ziemlich praktisch, denn später habe ich mir meine Hosen nicht nur selbst umgenäht und gekürzt, sondern gleich welche geschneidert, oder die Hosen modisch aufgemotzt. So häkelte ich eine dünne weiße Schnur und nähte sie außen an der Hose an. Es war nämlich eine Zeitlang ziemlich hipp, Hosen mit dem weißen Streifen an der Seite zu tragen, und weil ich mir selbst keine kaufen konnte, designte ich sie mir eben selbst.

Als ich schließlich keine Stoffe mehr hatte und auch keine T-Shirts mehr zerschneiden wollte, kramte ich die Wolle raus, die sich Aykut und Baykut besorgt hatten, damit ich ihnen einen Fanschal strickte. Aykut war Bayernfan und Baykut glaubte an 1860 München. Was Handarbeiten betraf, war ich ziemlich geschickt und sehr flink, so dass ich ein paar Tage später zwei Schals mit je zwei Metern Länge fertig hatte. Und schon wieder hatte ich keine Beschäftigung mehr.

Am sinnvollsten schien es mir zu sein, Briefe an meine Freunde zu schreiben. Die Post stapelte sich, dumm nur, dass ich sie nicht einwerfen konnte. Ich saß ja im dritten Stock ohne Lift fest. Und meine Brüder Aykut und Baykut waren nicht da, die hätten gewiss meine Post weggebracht. Aykut und ich hatten schon immer einen ganz besonderen Draht zueinander. Er blieb manchmal bei mir und wir spielten irgendetwas zusammen, oder aber er erledigte Botengänge für mich. Peinlich war's für ihn, wenn ich ihn bat, Kleider für meine Barbiepuppe zu kaufen, die es im Schreibwarenladen gab. Die Mädels im Heim hatten immer tiptop angezogene Ladys und meine trug den von mir geschneiderten Fummel. So schlecht sah das nicht aus, aber trotzdem: Manchmal musste es einfach eine neue Klamotte sein. Oder aber Aykut besorgte mir Briefmarken und warf meine Post ein. Jetzt aber war er in der Türkei und ich traute mich nicht, meine Tante zu fragen, ob sie für mich zur Post gehen könnte. Ich traute mich sowieso nie, nach irgendetwas zu fragen oder um etwas zu bitten, dazu war ich einfach zu schüchtern. Irgendwann fasste ich mir aber ein Herz und bat sie um diesen Gefallen. Und sie tat es gar nicht so widerwillig, wie ich befürchtet hatte. Ab dann hieß es warten, bis die Antworten auf meine Briefe eintrafen. Außer diesen Briefen waren mein Onkel und meine Tante meine einzigen Kontakte, die ich in den sechs Wochen Sommerferien hatte.

Wenn mein Onkel von der Arbeit nach Hause kam, wurde meine Tante komisch. Jeden Tag gegen vier Uhr marschierte sie in die Küche, um ihrem Göttergatten ein festliches Mahl zu bereiten. Ich gesellte mich gerne zu ihr in die Küche, in der Hoffnung, irgendeinen niederen Küchendienst wie Zwiebelschneiden oder Kartoffelschälen zu ergattern – mir war alles recht. Hauptsache, ich hatte mal eine andere Beschäftigung. Anfangs kam ihr mein Angebot ganz gelegen. Aber ich erledigte die Arbeiten ganz offensichtlich nicht nach ihren Vorstellungen: Entweder waren die Kartoffelschalen zu dick oder die

Zwiebeln zu grob geschnitten. Mit einem lapidaren »das kannst du nicht« war ich auch diese Jobs wieder los. Bis ihr Mann – pünktlich wie die Maurer – von der Arbeit kam, musste alles auf dem Tisch stehen. Sie empfing ihn jedes Mal derart euphorisch – man hätte glauben können, er käme gerade von einer Weltreise zurück. Sie nahm ihm die Tasche ab und setzte ihn – sie war ungefähr zwei Köpfe größer als er – wie einen kleinen Jungen an den Tisch. Kaum angekommen, musste er auch schon mit dem Essen anfangen, denn sie stellte ihm sofort den völlig überladenen Teller unter die Nase und wartete auf seine Reaktion. Erst wenn er beteuerte, dass es ihm ganz ausgezeichnet mundete, fing auch sie an zu essen. Mich hingegen ermahnte sie bei jedem Bissen, nicht zu viel zu nehmen, das sei *ayip*. *Ayip* bedeutete so viel wie sich danebenbenehmen oder »Das gehört sich nicht!«, Schande, unerhört, unverschämt. Meine Tante liebte dieses Wort jedenfalls sehr. Egal, was ich in Gegenwart ihres Mannes machte oder sagte, es war ganz bestimmt ayip. Wenn ich mir ein Brot nahm oder noch einen Nachschlag wollte, war das cok (sehr) ayip. Schließlich arbeite ihr Mann den ganzen Tag, folglich müsse er auch tüchtig essen, während ich ja nur »rumliegen« würde.

Nach dem Essen guckten sie fern und gingen spätestens 21 Uhr ins Bett. Dann war ich wieder alleine, spülte, so gut ich konnte, das Geschirr, und hing bis Sendeschluss vor der Glotze – sechs lange Wochen, tagein, tagaus dasselbe. Nicht ein einziges Mal war ich in dieser Zeit vor die Tür gekommen. Sie hatten mich keinesfalls schlecht behandelt, sich aber auch keine Gedanken über mich gemacht – dazu waren sie zu sehr mit sich selbst beschäftigt.

Als ich die Bücher fertig gelesen, das Briefpapier aufgebraucht und auch sonst nichts mehr zu tun hatte, fing ich an, in den Schränken meiner Eltern und Geschwister zu kramen. Ich suchte eigentlich nichts Bestimmtes. Ich wollte nur sehen, was sie besaßen. Ich fand aber nichts Spektakuläres, entdeckte auch nichts Schreckliches, kam hinter kein finsteres Geheimnis – nichts. Langeweile total. Irgendwo fand ich Zigaretten, paffte diese heimlich, aber eher widerwillig, wollte einfach etwas Verbotenes tun, gleichwohl das auch niemanden gestört hätte. Die Klamotten meiner Schwester hatte ich auch bald alle durchprobiert. Jemanden anrufen konnte ich nicht, denn an unserem Telefon hing ein kleines Schloss, damit wir nicht einfach so in der Gegend herumtelefonieren konnten. Und den Schlüssel hatte mein Vater mit in die Türkei genommen.

Sechs Wochen können schier endlos sein, und ich dachte, diese Sommerferien würde ich nicht überleben und an Langweile jämmerlich zugrunde gehen. Sechs Wochen aus dem Fenster starren, die Bücher mehrmals lesen – sich die Welt schöner träumen, als sie war, davon hatte ich die Nase gestrichen voll. Ich musste mir dringend ein Ziel setzen. Ich wollte nicht für den Rest meines Lebens im dritten Stock hocken, da musste es doch noch mehr geben im Leben, auch für mich. Dieses viele Alleinsein setzte mir speziell in diesen Ferien sehr zu. Tagsüber heulte ich mir manchmal die Augen aus dem Kopf und schwankte zwischen totaler Verzweiflung und Hoffnungslosigkeit hin und her. Dann wieder war ich wild entschlossen, mir von nichts und niemandem mehr etwas sagen zu lassen. Ich wusste, dass ich als Behinderte nicht wirklich gebraucht wurde, jedenfalls hatte ich die Worte des Arbeitsamtmenschen noch deutlich in den Ohren. Und dass man mir, was im Übrigen noch schlimmer war, nichts zutraute, machte mich unendlich wütend. Wir werden ja sehen, ob es wirklich keinen Platz in dieser Gesellschaft für mich gibt, sagte ich mir, um mir selber Mut zuzusprechen. Resignieren und mich meinem Schicksal endgültig ergeben konnte ich ja immer noch, irgendwann. Jetzt hatte ich beschlossen, die Ärmel hochzukrempeln und zu kämpfen! Nur dazu musste ich erst einmal aus dem dritten Stock herunterkommen.

Mitten in der Nacht läutete es Sturm. Vor Schreck fiel ich fast vom Sofa, auf dem ich nachts schlief. Meine Tante wankte schlaftrunken zur Tür, und dann hörte ich schon die Schritte meiner Brüder. Endlich! Endlich waren sie wieder da. Schnell setzte ich mich in den Rollstuhl, um sie zu begrüßen. Da spürte ich zum ersten Mal, dass mir meine Eltern und meine Geschwister überhaupt nicht egal waren, ich spürte eine tiefe Zuneigung zu ihnen, was mich selbst überraschte. Ich war unglaublich glücklich und dankbar, dass sie unversehrt wieder nach Hause gekommen waren. Ich hatte sie ganz schön vermisst, mehr als ich mir eingestehen wollte. Gespannt war ich auf die Fotos, die sie gemacht hatten, denn auf diese Art sah ich meine Familie in der Türkei wieder oder lernte neue Cousins und Cousinen kennen, die zwischenzeitlich geboren worden waren.

Kaum erwarten konnte ich all die spannenden Geschichten aus der Heimat, und natürlich war ich brennend neugierig darauf, was sie mir an Geschenken mitgebracht hatten. Ich freute mich über alles, was ich bekam. Meistens waren es schöne rote Samtpantoffeln, eine Hose oder ein T-Shirt. Oder eine selbst gestrickte Jacke von meiner Tante. Vorsichtig fragte ich meine Mutter, ob denn irgendjemand nach mir gefragt hätte. Dann lachte sie meist und sagte: »Alle! Niemand hat dich vergessen, sie alle denken ganz oft an dich und wollten alles über dich wissen.« Es beruhigte mich zu wissen, dass ich nicht in Vergessenheit geraten war.

Sosehr ich mich über die Rückkehr meiner Familie freute, es bedeutete auch, dass die Ferien zu Ende waren. Ich merkte, wie besorgt meine Eltern waren. Denn erst einmal sollte ich ja für den Beginn des neuen Schuljahres in der Realschule in ihrer kleinen Wohnung einquartiert werden.

Ich war achtzehn Jahre alt und fühlte mich denkbar schlecht für das kommende Leben ausgerüstet. Nach zehn Jahren im Heim wusste ich nicht einmal, was ein Liter Milch kostet. Und ich würde mit achtzehn Jahren in die achte Klasse der Realschule gehen – das war mir reichlich peinlich. Meine Brüder waren schon mitten in ihrer Schlosserlehre, meine Schwester arbeitete bei meinem Onkel im Reisebüro, und ich? Ich wohnte bei meinen Eltern im dritten Stock ohne Lift, ohne eigenes Bett und ohne ein wenig Platz für mich allein. Fortan musste ich täglich rauf- und runtergeschleppt werden – für einen überschaubaren Zeitraum kein Problem, aber auf Dauer?

Weil frühestens um fünf Uhr am Nachmittag jemand von meiner Familie nach Hause kam, meldete ich mich bei sämtlichen Arbeitsgruppen an, die die Schule nach dem Unterricht anbot. Zum Glück fand ich relativ schnell Anschluss. Ernst ging zur Fachoberschule, die im selben Haus untergebracht war, ihn sah ich wenigstens in den Pausen, aber er war viel zu sehr mit seinem neuen Leben beschäftigt, als dass er sich hätte um mich kümmern können. Ernst hatte im Gegensatz zu mir wenigstens einen Platz in der Wohngruppe. Dennoch sahen wir uns ab und zu, und bei der Gelegenheit traf ich noch ein paar andere Jungs aus dem Heim – immerhin.

Monate später wohnte ich immer noch zu Hause. Meine Eltern klagten nie, wohl auch deshalb, weil Aykut und Baykut in der Zwischenzeit zu kräftigen jungen Männern herangewachsen waren, die meine Beförderung treppauf, treppab gerne übernahmen.

Mit ausgestopften Tieren unter einem Dach

Auf dem Pausenhof lernte ich irgendwann Martina kennen. Mit ihrer hellen Haut und dem blonden lockigen Haar glich sie einem Engel – in Wahrheit aber war sie des Teufels, wie sich später herausstellen sollte. Martina war einige Jahre älter als ich und wurde bei einem Motorradunfall so schwer verletzt, dass sie im Rollstuhl saß. Wir freundeten uns an, jedenfalls dachte ich das. Als ich Martina von meiner Wohnsituation berichtete, erzählte sie mir, dass sie auf Wohnungssuche sei, und bot mir an, als Untermieterin bei ihr einzuziehen – die Idee gefiel mir und ich war einverstanden, gleichwohl ich nicht wusste, wovon ich die Miete und meinen Lebensunterhalt bestreiten sollte, denn Geld hatte ich keins. Meine Eltern waren leider nicht in der Lage, für all diese Kosten aufzukommen, das war mir klar. Von anderen Mitschülern erfuhr ich, dass das Sozialamt für meinen Unterhalt aufkommen würde, wenn ich entsprechende Anträge stellte. Nichts wie hin, dachte ich mir. Das klang alles ziemlich einfach, und da ich nichts hatte, hatte ich ja auch nichts zu verlieren. Die Schüler der Pfennigparade waren alle älter als gewöhnlich, so dass viele schon eine eigene Wohnung hatten, obwohl sie erst in die neunte Klasse gingen. Sie gaben mir viele Tipps – zu den Ämtern jedoch musste ich alleine gehen.

Notgedrungen lernte ich mit dem Rollstuhl Rolltreppenfahren, um überhaupt in die U-Bahn zu kommen. Das war oft richtig hart, denn damals waren die U-Bahnhöfe in den seltensten Fällen mit Aufzügen ausgestattet, und die meisten Menschen, die ich um Hilfe bat, waren entweder taub, drehten sich weg, litten an einem Bandscheibenvorfall oder hatten es auf einmal unglaublich eilig, obwohl sie auch auf die Bahn warteten. Diese andauernde Bettelei machte mich mürbe. Denn nicht selten bat ich vier bis fünf Passanten vergeblich um Hilfe, und die Bahn fuhr mir vor der Nase davon. Irgendwann entwickelte ich einen Blick dafür, welche Menschen ich um Hilfe bitten konnte. Außerdem versuchte ich, mich möglichst unabhängig zu machen.

Es blieb mir nichts anderes übrig, als die Behördengänge alleine in Angriff zu nehmen. Aber für die Aussicht, finanziell ein bisschen abgesichert zu sein, nahm ich diese Umstände gerne in Kauf. Ich hatte endlich ein eigenes, kleines Zimmer in Aussicht, und dafür wollte ich alles tun. Der Herr im Sozialamt stellte schnell fest, dass ich tatsächlich diesen Anspruch auf Unterstützung hätte, wenn ich auch eine entsprechende Aufenthaltserlaubnis vorweisen könne, denn meine aktuelle würde in ein paar Wochen ablaufen. Also machte ich mich auf zur Ausländerbehörde. Dort begrüßte mich Herr Traute, ein Kettenraucher, der sein ganzes Büro verqualmt hatte, so dass ich ihn kaum sehen konnte. In einem fürchterlichen Deutsch erklärte er mir, dass ich das nächste Mal ein paar Monate eher kommen müsse, »sonst nix mehr Deutscheland, sonst du gehen zurück in Türkei«. Ich war so eingeschüchtert, dass ich nicht wagte, ihm zu sagen, dass er völlig normal mit mir reden könne. Ich fand die Art, wie er mit mir sprach, nicht nur grässlich, sondern auch sehr entwürdigend. Ich wollte nicht protestieren, weil ich nicht riskieren konnte, dass er mir den Stempel, für den ich stundenlang im verqualmten Wartesaal gesessen hatte, verweigerte. Ich hatte Angst, dann in den nächsten Tagen oder gleich sofort abgeschoben zu werden. Also nickte ich ständig und grinste ihn verlegen an, benahm mich ganz türkisch unterwürfig, wie er es offensichtlich gewohnt war und wie es ihm anscheinend gefiel.

Bevor er seinen Arm nach dem alles entscheidenden Stempel ausstreckte, zog er noch einmal tief an seiner Zigarette, überflog das Dokument, um die Situation noch spannender zu machen, griff nach dem Stempel – das schien wirklich der wichtigste und bedeutendste Moment des Tages zu sein – und donnerte ihn so fest auf den Tisch, dass ich dachte, er bricht gleich zusammen. Genehmigungen zu erteilen oder sie zu versagen schien seinem trostlosen Leben den wahren Sinn zu geben. Und mich mit meinen gedrückten Daumen zappeln zu lassen, erfüllte ihn anscheinend mit Befriedigung. Das war eine komische Angewohnheit von mir. Wann immer ich bei einer Behörde vor einem Beamten saß, drückte ich die Daumen, ganz so, als wäre es reine Glückssache, ob man eine Genehmigung oder einen Ausweis erhielt oder nicht, als wäre es so etwas wie ein Lottogewinn. Als er schließlich gönnerhaft den Stempel in den Pass knallte, forderte er mich, ohne mich dabei anzusehen, auf: »Nächste Türke schicken.«

Mir war bis dahin überhaupt nicht bewusst, dass ich nur mit einer Aufenthaltsgenehmigung in Deutschland bleiben durfte und Herr Traute in den kommenden Jahren über mein Wohl und Wehe zu entscheiden hatte. Ein paar Jahre ging das so weiter. Herr Traute kapierte auch die folgenden Jahre nicht, dass ich Deutsch verstand und sprach. Jedes Jahr redete er in diesem Kauderwelsch. Mir kam der Gedanke, dass er vielleicht selbst Ausländer war und gar nicht anders sprechen konnte. Dieser Gedanke amüsierte mich und ich hätte ihn gerne provozierend danach gefragt. Weil dieser Mensch aber unberechenbar war – manchmal schickte er mich auch nur mit einer sechs-

90

monatigen Aufenthaltserlaubnis wieder nach Hause –, hielt ich lieber den Mund. Ich fühlte mich schikaniert.

Als ich einmal wieder vor Herrn Traute saß, nahm ich meinen ganzen Mut zusammen und fragte ihn schließlich, ob er mir meine Aufenthaltserlaubnis nicht auf zwei oder drei Jahre ausstellen könne. Können, so meinte er äußerst geringschätzig, könnte er schon, er wisse aber nicht so genau, ob er das auch wolle. Ich war es leid, von diesem grantigen Bayern weiterhin so gemein behandelt zu werden, und verlangte seinen Chef zu sprechen, und zwar sofort! Plötzlich änderte er seine Haltung, er drückte die Zigarette aus und meinte kleinlaut, dass im Prinzip einer längeren Aufenthaltsgenehmigung ja nichts im Wege stünde, ich sei ja auch schon so viele Jahre hier und würde ja auch alles verstehen. Prompt verlängerte er meine Aufenthaltsgenehmigung um ganze fünf Jahre. Wow, ich war begeistert von meinem Mut und dass ich dieser Bosheit endlich eine Ende gesetzt hatte. Ich war es wirklich leid, mich bei Behörden so schlecht behandeln zu lassen und permanent das Gefühl vermittelt zu bekommen, man genehmige alles nur aus reinster Nächstenliebe oder Gnade. Ich wurde kaum wie ein normaler, erwachsener Mensch behandelt. Noch heute kommt es manchmal vor, dass ich, wie in einer Münchner Klinik, in der ich vor kurzem operiert wurde, gefragt werde, wo denn meine Begleitperson sei und wer denn nun für mich unterschreiben würde. Das ist wirklich zum Haareraufen!

Zurück zu Martina. Mit der frohen Kunde, dass ich vom Amt eine finanzielle Unterstützung bekommen würde, eilte ich zu ihr. Sie hatte zwischenzeitlich mit Hilfe ihres Vaters eine Wohnung gefunden und schleppte mich zur Unterzeichnung des Mietvertrages, den sie allerdings alleine unterschrieb. Ich sollte sie begleiten, um ihren Vater kennenzulernen. Er war mir vom ersten Moment an unsympathisch und zuwider, aber ich wollte ja nicht zu ihm ziehen, sondern zu seiner Tochter. Er schien mich auch vom ersten Augenblick an zu hassen, denn er behandelte mich herablassend. Martina unterschrieb den Mietvertrag, während mich ihr Vater misstrauisch beäugte. Dass

ich Türkin war, schien ihm gar nicht zu gefallen, denn ständig wollte
er wissen, wie man denn diesen seltsamen Namen aussprechen und
woher ich genau kommen würde.

Meine inneren Alarmglocken schrillten, ich hatte kein gutes Gefühl, vertraute aber Martina. Meine Eltern bezahlten meinen Anteil
der Kaution, den ich Martina überreichte. Ihr Vater zählte sofort
nach, und ich verlangte eine Quittung, wie es mir mein Vater vorher
eingetrichtert hatte. Wir fuhren in die von ihr angemietete Wohnung – ich hatte die sprichwörtliche Katze im Sack gekauft. Ich wusste nicht, wie die Wohnung und das Zimmer, das ich bekommen sollte, aussahen. Ein wenig beruhigte mich, dass meine Schwester mit
ihrem Mann Sami und ihrem Sohn Vural in der gleichen Straße
wohnte. Außerdem konnte ich meinen kleinen Neffen jetzt so oft sehen, wie ich wollte. Meine Schwester freute sich sehr über ihre neue
Nachbarin und versprach mir, mich zu unterstützen, wann immer
ich etwas brauchte. Meiner lieben Mutter standen die Tränen in den
Augen, als ich meine wenigen Habseligkeiten packte und endgültig
von zu Hause auszog.

Es dauerte keine vierzehn Tage und es war klar, Martina und ich
waren alles andere als ein Dreamteam. Sie spielte sich als Boss auf,
und ich war die geduldete Geldgeberin, denn ohne mich hätte sie sich
die Wohnung nicht leisten können. Das große Zimmer mit der Terrasse ging selbstverständlich an sie. Dass ich nicht einfach so und
ungefragt in ihr Zimmer marschieren konnte, hätte sie nicht extra
erwähnen müssen, das sagte mir schon mein gesunder Menschenver-
stand. Es bedeutete aber auch, dass ich die tolle Terrasse nicht nutzen
konnte, denn die erreichte man nur über ihr Zimmer.

Martina liebte Tiere über alles, das war nicht zu übersehen. Allerlei Getier stand in Form von Blumentöpfen, Uhren oder geschmack-
losen Figuren herum. Die Wände hatte sie mit Hirsch- und Rehbil-
dern zugekleistert. Besonders den Tod ihrer ersten Katze schien sie
nie so recht überwunden zu haben, denn das Tier stand ausgestopft
auf einem Schränkchen in ihrem Zimmer und starrte einen mit sei-

nen toten Augen an. Wieso man sich ein ausgestopftes Tier ins Zimmer stellt, wollte ich gerne von ihr wissen. Schon die Frage alleine trieb ihr die Zornesröte ins Gesicht – besser war es, man kommunizierte möglichst nicht mit ihr. Das war auch nicht nötig, denn am liebsten quatschte sie mit ihren Vögeln. Zwei riesige Sittiche flogen Tag und Nacht in ihrem Zimmer umher, und Martina freute sich wie ein kleines Kind, wenn sie auf ihrem Kopf landeten. Besonders flugsicher waren die beiden Vögel nicht, ständig knallten sie gegen die Fensterscheiben oder an die Decke und Martina verzog dabei immer ihr Gesicht, als sei sie selbst gerade gegen die Wand geknallt.

Im Bad hatte sie mittlerweile ebenfalls die Hoheit. Ich durfte erst hinein, wenn sie ihre Badeprodezur abgeschlossen hatte, und weil das Bad so winzig war, sollte ich meine Toilettenartikel am besten im Kosmetikbeutel aufbewahren.

Ein eigenes Zimmer zu haben war schon unverschämter Luxus für mich, ich war's gewohnt, mich unterzuordnen und mich mit dem, was man für mich vorsah, zufriedenzugeben. Im Heim hatte ich gelernt, mit vielen unterschiedlichen Menschen klarzukommen, warum also nicht auch mit Martina. Deshalb ließ ich ihr die seltsamen Anwandlungen, solange sie mich in Ruhe ließ.

Da saß ich nun in meinem, wenn auch winzigen, eigenen Zimmer und wartete auf die Lieferung meiner paar Möbelstücke. Das Herz klopfte mir bis zum Hals und ich freute mich, trotz der Problemchen mit Martina. Meine Eltern spendierten mir einen Schrank, ein Bücherregal und einen Schreibtisch, das Bett bekam ich von Robert, einem Freund, geschenkt – mehr brauchte ich nicht. Bettdecke, Kopfkissen und Bettwäsche schenkte mir meine Mutter, so dass ich schon ab dem ersten Tag in der neuen Wohnung übernachten konnte.

Ich machte mich auf, die neue Gegend, in der ich fortan wohnen sollte, zu erkunden, und kaufte mir meine erste Zimmerpflanze, eine kleine Palme in einem roten Übertopf, und stellte sie ins Fenster. Ich war richtig selig. Zur Schule wurde ich künftig vom Schulfahrdienst gebracht. Ich war zuversichtlich, was meine Zukunft betraf, den ersten Schritt hatte ich nun gemacht. Ich dachte an meine Eltern und fragte mich, ob sie wohl stolz auf mich waren, dass ich so beherzt mein Leben in die Hand nahm? Seit knapp einem Monat wohnte ich nun als Untermieterin bei Martina, ohne Vertrag, denn darauf ließ sie mich warten. Die freundschaftliche Stimmung zwischen uns kippte ganz allmählich. Sie wurde immer zickiger. Um ja sicherzugehen, dass ich mich nicht vor ihren Fernseher hockte, wenn sie nicht da war, sperrte sie sogar ihr Zimmer jedes Mal ab.

Meine Schwester Yücel und meine Cousine Berna, die mich oft besuchten, mochten Martina nicht. Sie waren davon überzeugt, dass mit ihr irgendetwas nicht stimmte, und baten mich, vorsichtig zu sein. Besonders Berna war Martina gegenüber sehr misstrauisch. »Diese Frau ist verrückt«, sagte sie immer wieder. Martina wurde in der Tat von Tag zu Tag launischer und unverschämter. Sie verbot mir, ihre Tassen, Teller und anderen Küchenutensilien zu benutzen. Aber die meisten Sachen in unserer Wohngemeinschaft gehörten ihr. Meine Schwester stattete mich schließlich mit dem Nötigsten aus und putzte manchmal Bad und Küche für mich, um Martina nur ja keinen Anlass zum Nörgeln zu geben. Die Lebensmittel kaufte jeder für sich, und von der Idee einer gemeinsamen Haushaltskasse verabschiedeten wir uns schnell. Nervig war nur, dass sie mich verdächtigte, ihre Vorräte aufzuessen, wenn mal wieder etwas zur Neige ging.

Robert hatte ich vor drei Jahren bei einem Erste-Hilfe-Kurs, der im Heim angeboten wurde, kennengelernt. Seit knapp zwei Jahren ›gingen‹ wir miteinander. Er war während der Zeit im Heim mein einziger nicht behinderter Freund. Jeden Abend besuchte er mich für zwei Stunden, und weil wir beide schon kurz vor unserem sechzehnten Geburtstag standen, trafen wir uns regelmäßig in unserem Clubraum im Keller. Sehr zum Ärger von Herrn Hammer, einem extrem strengen und konservativen Erzieher, der von uns allen wegen seiner rigiden Art gefürchtet wurde. Mit verschränkten Armen hinter dem

Rücken marschierte er durch den Garten und war sich nicht zu schade, in die verwinkeltsten Ecken zu kriechen, immer auf der Suche nach einem Pärchen, dem er die Hölle heißmachen konnte. Er spielte sich als die moralische Instanz des Heims auf und zeigte jedes unsittliche Betragen – zum Beispiel, wenn man ein bisschen näher neben einem Jungen saß – beim Schuldirektor und Heimleiter sowie bei den jeweiligen Erziehern an. Anfangs hatten wir Angst vor ihm, aber irgendwann nahm ihn niemand mehr so richtig ernst. Seine Jungengruppe führte er mit eiserner Hand, obwohl die meisten Jungs schon achtzehn oder älter waren. Er verstand es wie kein Zweiter, die Atmosphäre unter den jungen Menschen zu vergiften. So waren seine Kontrollgänge, vor allem im Clubraum, die reinste Willkür. Ab einem Alter von fünfzehn Jahren durfte man für eine Stunde in den Clubraum, mit sechzehn Jahren bekam man eine Flasche Bier und durfte höchst offiziell rauchen und volle drei Stunden bleiben. Der selbsternannte Oberaufpasser spazierte regelmäßig weit vor 19 Uhr in seiner typischen Haltung in den Raum und warf alle raus, die sich nicht mehr dort aufhalten durften. Ganz besonders abgesehen hatte er es auf Robert. Wann immer er ihn bei irgendetwas Verbotenem erwischte – zum Beispiel beim Auf-der-Tischkante-Sitzen –, musste Robert gehen. Der Clubraum war winzig. Er hatte eine Theke und eine Stereoanlage, und er war der einzige Raum, in dem unsere Privatsphäre von den Erziehern – mit Ausnahme von Herrn Hammer – respektiert wurde.

Um Robert beneideten mich ein paar Mädels. Ich war die Einzige, die einen nicht behinderten Freund hatte, und die ein oder andere Göre versuchte natürlich, ihn mir auszuspannen. Eines Abends bekamen Robert und ich, wir saßen im strömenden Regen im Garten, uns so sehr in die Haare, dass wir beschlossen, probeweise Schluss zu machen. Schon auf dem Weg in meinen Gruppenraum fand ich den Entschluss total doof und wollte ihn gleich am nächsten Tag korrigieren. Als Robert am nächsten Tag ins Heim kam, dachte ich, dass er die voreilige Entscheidung von gestern bestimmt ebenso bereute und rückgängig machen wollte, warum sonst war er gekommen? Aber ich traute meinen Augen nicht. Robert war gar nicht meinetwegen gekommen, sondern wegen Anita, der hässlichsten Oberstreberin. Das ging ja mächtig schnell. Mit diesem Robert wollte ich für den Rest meines Lebens nichts mehr zu tun haben, so wie er mich abserviert hatte. Wütend prophezeite ich ihm, dass es ohnehin nicht lange gutgehen würde mit den beiden, denn Anita würde schließlich in ein paar Wochen, nach den Sommerferien, zurück nach Bad Tölz ziehen, und dann würde er ganz sicher wieder bei mir angekrochen kommen. Doch das beeindruckte ihn wenig, und so blieben die beiden bis zu den Sommerferien ein Paar, oder so etwas Ähnliches – mich interessierte das nicht mehr. Ich war beleidigt und sprach kein Wort mehr mit den beiden.

Jetzt aber, da die Heimzeit hinter mir lag und ich kaum Kontakt zu anderen Menschen hatte, nur zu dieser seltsamen Martina, war ich froh um diesen Freund, der im Übrigen nicht lange mit Anita zusammen war, so dass wir wieder ab und zu miteinander telefonierten und gemeinsam etwas unternehmen konnten.

Eines Abends kamen Robert und ich von einer Feier zurück, er begleitete mich bis vor die Haustür, der Schnee lag hoch und es war bitterkalt. Wie verrückt kramte ich nach meinem Schlüssel, ich konnte ihn einfach nicht finden. Zigmal leerten wir meine Tasche aus – nichts. Der Schlüssel war weg. Ich musste ihn verloren haben. Weil bei Martina noch Licht brannte, läutete ich an der Tür. Ich hörte Martinas Stimme über die Sprechanlage, entschuldigte mich für die Störung und wartete darauf, dass sie mir die Tür öffnete. Doch nichts geschah. Etwas ratlos standen Robert und ich vor dem Haus und läuteten ein zweites Mal. Dann krächzte eine fiese Stimme aus der Anlage: »Du kommst hier nicht mehr rein. Verschwinde, du Zigeunerin.« Erst dachte ich an einen Spaß und lachte. Erst als ich ein weiteres Mal vergeblich läutete, merkte ich, dass Martina und ihr gestörter Vater mich auf eine ganz perfide Art und Weise auf die Straße gesetzt hatten. Martina hatte mir, wie sich später herausstellte, während der Schulpause meinen Hausschlüssel aus der Tasche geklaut. Robert und ich gingen zur Polizei. Doch leider konnten mir die freundlichen Herren nicht helfen, denn ich konnte ja nicht einmal einen Mietvertrag vorweisen und so auch nicht belegen, dass ich wirklich dort wohnte.

Am nächsten Morgen fuhren wir wieder zur Wohnung. Martinas Vater kam über die Terrassentür heraus und befahl mir, mein Zeug zusammenzupacken und zu verschwinden. Um meine Sachen zu holen, mussten wir über das Fenster in die Wohnung steigen. Robert trug mich durch die Räume, ich deutete auf alles, was mir gehörte, und dann reichten wir es aus dem Fenster. Eine unglaublich bizarre Szene. Gut, dass ich dieses Irrenhaus verlassen würde.

Meine Schwester war total erschüttert und bot mir an, erst einmal bei ihr zu wohnen. Meine wenigen Habseligkeiten verstauten wir im Keller, und im Wohnzimmer wurde eine kleine Ecke für mich eingerichtet. Schlagartig war es wieder vorbei mit meiner Freiheit und meinem selbständigen Leben. Jetzt hatte ich mich wieder an Familienregeln und an einen fremden Tagesrhythmus zu halten. Mein kleiner Neffe Vural freute sich am meisten über meinen Einzug. Mitten in der stockfinsteren Nacht kam er manchmal an mein Bett, bewarf mich mit seinen Autos und Plüschtieren. Meistens kam er mit einem kleinen Schneidebrettchen an, auf dem verschiedenes Obst und Gemüse abgebildet war, und deutete mit seinen kleinen Fingerchen auf eines der Bilder und ich musste erraten, was es war. Lag ich mal daneben, und ich lag absichtlich oft daneben, lachte er sich fast kaputt. Meine Schwester tapste dann schlaftrunken ins Wohnzimmer und fing den kleinen Mann wieder ein. Vural war ein so unglaublich hübsches Kind. Ich war völlig vernarrt in ihn.

Ich war meiner Schwester und Sami, ihrem Mann, sehr dankbar, dass sie mich aufgenommen hatten, gleichzeitig war ich am Boden zerstört. Ich war offensichtlich zu blöde oder dermaßen untragbar für andere Menschen, dass sie zu solch drastischen Mitteln greifen mussten, um mich loszuwerden. Ich hatte größte Selbstzweifel. Ich war gescheitert. Bei meiner Schwester jedenfalls konnte ich nicht ewig bleiben, so viel stand fest.

Tiefpunkte und Lichtblicke

In der Schule lief es inzwischen richtig schlecht. Ich sah keinen Sinn mehr darin, weiterhin den Unterricht zu besuchen, weil ich das Gefühl hatte, meine Probleme nicht wirklich zu lösen, sondern sie nur hinauszuzögern. Ich benahm mich regelrecht pubertär, legte mich mit Lehrern an, weigerte mich, den Anweisungen zu folgen, und brachte nur noch das Allernötigste an Leistung, um nicht gänzlich von der Schule zu fliegen, denn das wollte ich auch nicht. Wenigstens solange ich keine andere Idee hatte.

In dieser Zeit bewarb ich mich ganz intensiv um einen Ausbildungsplatz zur Rechtsanwaltsgehilfin, Bürokauffrau, Goldschmiedin, Zahntechnikerin, Bürogehilfin – ich war bereit, alles zu tun, um bloß von der Schule wegzukommen. Die Absagen kamen oft schon nach zwei oder drei Tagen oder auch gar nicht. Begründet wurden sie mit der nicht vorhandenen Barrierefreiheit in den Büros, den viel zu hohen Schränken, den für mich zu schweren Geräten. Nicht ein einziges Mal wurde ich zu einem Vorstellungsgespräch eingeladen. Diese Absagen frustrierten mich bald noch mehr als die Schule. Mir schien alles zwecklos: Selbst wenn ich die mittlere Reife oder das Abitur in der Tasche hätte, was könnte ich damit anfangen? Ich glaubte nicht mehr daran, dass ich, egal, welchen Abschluss ich hatte und wie gut er auch sein mochte, auch nur den Hauch einer Chance hatte, eine Arbeit zu finden. Ich fühlte mich von aller Welt verlassen und auf mich alleine gestellt, kraft- und mutlos, dieses Leben weiterhin zu bestehen und irgendwelche Kämpfe auszufechten. Ich war desillusioniert und drauf und dran, endgültig aufzugeben und doch eins der Angebote des Arbeitsamtes anzunehmen. Sollten sie mich doch an eine Pforte setzen oder in eine Einrichtung, in der ich bis an mein Lebensende Seidenmalerei betreiben konnte. So könnte ich die Verantwortung für mein Leben komplett abgeben und würde trotzdem versorgt werden. 200 Mark Taschengeld im Monat, ein hübsches Zimmer mit Rundumversorgung. Mehr konnte ich anscheinend nicht erwarten. Es ärgerte mich sehr, dass der unsympathische Arbeitsberater offensichtlich recht mit seiner Einschätzung und seiner Warnung hatte. Ich war bereit, meinen Größenwahn einzugestehen.

Ich wurde auf einmal sehr dünnhäutig und fing an, unter meiner Situation zu leiden, darunter, dass ich im Rollstuhl saß, und vor allem, dass ich so klein war. Mich störten die Blicke der Menschen auf der Straße, die sich regelmäßig den Hals verrenkten, bloß um mich anstarren zu können. Ich war wütend auf die Kinder, die mit ihrem Finger auf mich zeigten, und noch wütender war ich auf die Eltern, die sie von mir wegzogen, als hätte ich eine ansteckende, ekelerregende Krankheit. Es störte mich nicht so sehr, dass ich nicht laufen konnte, sondern dass ich auf mein Äußeres reduziert wurde und dass das Aussehen scheinbar das einzige wichtige Kriterium zur Beurteilung eines Menschen war. In meiner Welt sahen die meisten Menschen aufgrund ihrer Behinderung nun mal anders aus, und wir lernten damit umzugehen.

Ein Taxifahrer in München setzte noch eins drauf. An jeder Ampel glotzte er mich derart unerträglich an, dass ich schließlich wissen wollte, ob irgendetwas nicht in Ordnung sei. Ich hätte ein so hübsches Gesicht, genau nach seinem Geschmack, aber der Rest – vom Kopf abwärts, »na, des ist nix…«, meinte er unverfroren. Und als würde das nicht genügen, schüttelte er auch noch seinen dämlichen Kopf dazu, um das Gesagte zu unterstreichen. Diese Bemerkung war so ziemlich das Letzte, was ich noch vertrug. Es versetzte mir einen unbeschreiblichen Stich mitten in mein ohnehin trauriges Herz.

Ich war klug genug zu wissen, dass Männer ganz sicher nicht von Frauen wie mir träumten. Mir war klar, dass es schwierig – vielleicht sogar unmöglich – sein würde, je einen Mann zu finden, der in mir noch etwas anders sehen würde als nur eine Rollstuhlfahrerin. Doch mit dem Wissen um diese Schwierigkeit verging nicht automatisch die Sehnsucht nach einer Liebesbeziehung. Dass mir das aber jemand einmal so in aller Deutlichkeit sagen würde, nahm mir fast den Atem. Na ja, wenigstens ist er ehrlich, dachte ich. Mit festem Blick und meiner ganzen Verachtung, die ich in mir fühlte, sah ich ihn an. Mit seinem teigigen Gesicht und der dicken Brille auf der Nase sah er potthässlich aus. Außerdem war er unglaublich blöde, das sah man ihm an, aber er hatte ein Selbstbewusstsein, das mir gänzlich fehlte.

Ich fühlte mich wie ein angeschossenes Tier, das sich am liebsten zum Sterben in die Büsche zurückgezogen hätte. Dieser Typ hatte mir wirklich den Rest und vor allem sehr lange zu knabbern gegeben. Mit seinem blöden Kommentar hatte er ein weiteres Problem angesprochen, das ich verdrängt hatte, um erst einmal beruflich im Leben Fuß zu fassen. Doch jetzt fühlte ich mich zusätzlich auch noch als Frau in Frage gestellt. Als behinderter Mensch wird man ohnehin als Neutrum wahrgenommen, das wird am Angebot der öffentlichen Toiletten schnell klar. Da wird nicht zwischen Männlein und Weiblein unterschieden, ein Rollizeichen muss reichen, und die Sache ist klar. Anders bei den Toiletten für Nichtbehinderte – da muss strikt getrennt werden.

Weiblichkeit? Was war das? Mich als Frau zu begreifen oder zu fühlen, hatte mir niemand beigebracht, und niemand hatte mich aufgeklärt. In meiner ›Erziehung‹ wurde dieser Bereich komplett ausgeblendet und mir wurde vermittelt, dass man als Behinderter ein Bedürfnis nach Nähe einfach nicht zu haben hat. Noch heute wird Behinderten ihr Anrecht auf Sexualität abgesprochen – und oft gestehen wir es uns ja nicht einmal selbst ein, weil dieses Thema in unserer Kindheit und Jugend absolut tabu war und weder im Heim noch in der Schule je darüber gesprochen wurde.

Im Moment hatte ich allerdings andere Sorgen als die, ob ich einem völlig verblödeten Taxifahrer gefiel oder nicht. Ich hatte niemanden, mit dem ich über meine Gedanken und Ängste sprechen konnte. Ich wünschte mir, unsichtbar zu sein oder besser noch: gar nicht mehr am Leben, denn das hielt für mich augenscheinlich nichts Schönes bereit. Ich wollte mich nicht mehr behaupten da draußen. Ich war chancenlos in jeder Hinsicht. Bis dahin dachte ich, mein persönliches Weiterkommen wäre nur eine Frage des Wollens und ich müsste mich nur richtig anstrengen, dann könnte ich es schaffen.

War es denn wirklich realistisch, was ich mir da vorstellte? Konnte ich nach all den Jahren in einem eigenen Mikrokosmos mit Sonderregeln und Sonderbehandlung überhaupt den Sprung in die Normalität schaffen? Jahre meines Lebens war ich ›weggesperrt‹, und nun erwartete ich, dass alles einfach klappte, ohne Anstrengung? Forderte ich da nicht ein bisschen zu viel von mir? War es mein Recht, von der Gesellschaft zu verlangen, dass sie mich integrierte, mir dieselben Chancen gab wie den nicht Behinderten? War das nicht ein Widerspruch in sich – die Behinderten erst zu isolieren, um sie dann mühsam zu integrieren? Alles war so furchtbar kompliziert, und ich wollte damit – mit meinem Leben – einfach nichts mehr zu tun haben.

Ich dachte an nichts anderes mehr als an meine traurige Existenz. Ich war Anfang zwanzig, 130 Zentimeter klein, saß im Rollstuhl, sah komisch aus, lebte von Sozialhilfe, hatte keine Freunde und ging immer noch zur Schule. Frust pur! Die meisten Klassenkameraden gingen mir auf die Nerven und die Lehrer sowieso, obwohl sie sich wirklich intensiv um die Schüler kümmerten, sie motivierten und unterstützten, wo sie nur konnten. Ich wohnte immer noch bei meiner Schwester, was bedeutete, dass ich in gewisser Weise weiterhin ›betreut‹ war. Meine Schwester kochte für mich mit, meine Wäsche schleuderte in ihrer Waschmaschine, und wenn ich morgens zur Schule abgeholt wurde, waren das Frühstück und mein Pausenbrot gemacht. Ich war bestimmt nicht undankbar für all das, aber ich schämte mich so sehr, dass ich in meinem Alter noch immer so unselbständig war. Nicht, dass mir Sami und Yücel je das Gefühl gaben, dass ich ihnen lästig oder unerwünscht war. Im Gegenteil. Sami begleitete mich zu den Ämtern, was eine große Erleichterung für mich war, und trotzdem: Ich hatte nichts, um das ich mich selbst kümmern konnte. Ich hatte keine Idee, wie ich meine Wohnsituation ändern sollte, und das nahm mir jeden Mut. Das Fenster, durch das ich in die Welt blickte, war immer noch viel zu klein, viel zu eng. Ich wollte und erwartete mehr vom Leben als das, was ich bekam.

Fast ein ganzes Jahr pflegte ich meine Depression, meine persönliche Endzeitstimmung, bis ich eines Morgens aufwachte und mir dachte – entweder nimmst du dir heute das Leben oder aber du entscheidest dich dafür, und dann ist Schluss mit dem verstockten Selbstmitleid. Ich hatte keine Lust mehr, ›dauerschlechtgelaunt‹ durchs Leben zu gehen und vor allem andere damit zu nerven. Ich spürte meine alte Kampfeslust wieder in mir hochsteigen. Mein Kopf war wieder klar und ich war wild entschlossen, mir den Platz in der Gesellschaft zu suchen, der meiner würdig war. Meine Intention war es nicht, es allen zu zeigen, ich wollte einfach nur überleben, und zwar nicht irgendwie, sondern gut. Und dazu gehörte eine positive Einstellung zum Leben und zu mir selbst. Wer, wenn nicht ich, sollte denn an mich glauben und mich weiterbringen? Ich wollte auf keinen Fall mehr hören: »Das kannst du nicht! Das geht nicht! Wie stellst du dir das denn vor. Überschätz dich mal nicht.« Ich wollte selbst herausfinden, was ging und was nicht. Wozu hatte ich denn eine so große Nase im Gesicht, wenn ich nicht selbst darauf fallen durfte? Ich ärgerte mich wahnsinnig darüber, dass ich ein Jahr mit meinem Gejammer verschwendet und mich fast aufgegeben hatte.

An diesem Vormittag, als ich also beschlossen hatte, »ja« zu meinem Leben zu sagen, bot mir Nick, ein älterer Schüler aus der Fachoberschule, das Zimmer seines verstorbenen Mitbewohners an. Ich war immer noch auf Zimmersuche, das war in der Schule bekannt – aber das Zimmer eines Verstorbenen? Klang jetzt nicht wirklich verlockend. Außerdem: Wollte ich eine Wohngemeinschaft mit einem Mann? Ich war immerhin auch noch eine Türkin, da war ein männlicher Mitbewohner nicht so einfach für mich. Spätestens jetzt würde mir mein Vater den Kopf abreißen – undenkbar eigentlich. Anderseits hatten meine Eltern sowieso keinen Einblick mehr in mein Leben, deshalb würde ich, falls mein Vater Ärger machen würde, einfach erklären, dass nicht ich dieses Zimmer gefunden, sondern die Schule es für mich organisiert hätte. Im Grunde war ich ein ziemlicher Feigling – ich wollte viel, versteckte mich aber hinter irgendwelchen Vorwänden, um bloß keinen Krach zu riskieren. Ich gaukelte meinen armen Eltern immer noch vor, dass man sich weiterhin um mich kümmerte und für alles gesorgt sei. Sie ahnten nichts von meiner Hoffnungslosigkeit, meinem Kampf und meinem Kummer. Ein paar Tage später sagte ich Nick zu und zog um. Wenn es nach mir gegangen wäre, hätte ich meine Eltern über diesen Schritt erst nachträglich informiert – meine Schwester drängte aber darauf, sie anzurufen. Also teilte ich ihnen kurz und knapp mit: »Ich ziehe um.«

Meinen Fehler wollte ich nicht wiederholen und bestand auf einen Vertrag, den ich auch bekam, sogar als Hauptmieterin. Die Wohnung war toll, mein Zimmer riesig. Wir hatten ein gemeinsames Wohnzimmer, das mich aber nicht interessierte und das vornehmlich Nick nutzte. Ich hielt mich meistens in der Wohnküche, in meinem Zimmer oder auf der sensationellen, riesigen Dachterrasse auf. Fünf Jahre wohnten wir zusammen. Nick war ein angenehmer Mitbewohner. Er ließ mich in Ruhe und ich ihn. Jeder kümmerte sich um seinen eigenen Kram und ließ den anderen gewähren. Die Lage der Wohnung war perfekt. Zwar war sie in Neuperlach, einem ›Problemviertel‹ mit hohem Anteil an Ausländern und Sozialhilfeempfängern, aber für ein Leben mit dem Rolli waren die Wohnung und die Gegend geradezu ideal. Außerdem wohnte ich im fünften Stock – und konnte über Neuperlach hinaus bis in die Berge sehen – ein phantastischer Blick. Die Sommernächte verbrachte ich oft auf der Terrasse und guckte stundenlang in den Sternenhimmel, bis ich auf meinem improvisierten Nachtlager einschlief. Gleich nebenan waren ein Supermarkt, ein Schreibwarenladen und eine Apotheke – und ein Zahnarzt, wo ich gefühlte hundert Jahre schon nicht mehr war. Auch andere Ärzte bekam ich lange Zeit nicht zu Gesicht. Die suchte ich mir nach und nach. Aber das Beste: Ich hatte die U-Bahn mit einer Rampe direkt vor der Nase. Perfekt!

Als ich bei Nick einzog, meldete ich mich sofort vom Schulfahrdienst ab und wollte künftig die U-Bahn nehmen und selbst in die Schule fahren – nur im Winter wollte ich auf diese Annehmlichkeit natürlich nicht verzichten. Selbständig zur Schule zu fahren bedeutete für mich ein Stück Freiheit, obwohl das tierisch anstrengend und vor allem manchmal zu einer reinen Nervensache wurde. So ganz ohne Hilfe schaffte ich es nämlich nicht in die Bahn, und so wurde meine tägliche Fahrt zur Schule und zurück zum reinsten Spießrutenlauf. Egal, ob ich an einem Morgen übellaunig war, keine Lust auf Gespräche hatte – immer musste ich mit einem freundlichen Lächeln im Gesicht höflich um Hilfe bitten und jederzeit damit rechnen, eine Abfuhr zu erhalten. Morgens waren die U-Bahnen vollgestopft. Ich saß in Gesäßhöhe der Fahrgäste und wurde von deren Taschen fast erdrückt – keine angenehme Position. Aber das war es mir wert: kein Fahrer mehr, der mich aufsammelte und in der Schule ablieferte. Ich integrierte mich zwangsläufig in die Gesellschaft, denn ich war einfach da.

Unter ›normalen‹ Menschen

Es war ein ziemlich heißer Sommertag, ich kam gerade aus der Schule, als ich an der U-Bahn-Haltestelle meine heute beste Freundin Doris kennenlernte. Sie stand da mit ein paar anderen Mädchen und sprach mich einfach an, weil sie mich bei einem Theaterstück, in dem ich mitspielte, gesehen hatte. Ein Jahr nach meiner Entlassung aus dem Heim hatte ich mich kurzzeitig einer Kabarettgruppe angeschlossen. Mit unseren Stücken wollten wir überspitzt und auf amüsante Weise auf die Situation von Behinderten aufmerksam machen. Meistens spielte ich eine Behinderte, die ständig diskriminiert wurde und Opfer war. Vielleicht hatte ich deshalb schon bald keine Lust mehr auf diese Theatergruppe, weil ich das spielte, was ich im realen Leben ja auch war: eine Behinderte.

Doris und ich plauderten ein bisschen und ich lud sie auf einen Kaffee auf unsere Terrasse ein. Ich rechnete nicht damit, dass sie auch wirklich kommen würde, umso überraschter war ich, als sie spontan zusagte und gleich mit mir nach oben kam. Wir machten es uns auf unserer Dachterrasse gemütlich, plauderten und lernten uns kennen. Ich bemühte mich, einen möglichst normalen Eindruck zu hinterlassen, und erklärte ihr, dass ich nur im Rollstuhl sitze, mich aber ansonsten in nichts von anderen unterscheiden würde. Und dass ich mit der Schule noch immer nicht fertig war, läge nicht daran, dass ich blöder sei als andere, sondern dass ich vorher nicht die Möglichkeit hatte. Ich glaubte, mich rechtfertigen zu müssen. Ich wollte Vorurteile ausräumen, ohne zu merken, was ich für dummes Zeug redete. Doris sah mich irritiert an und nickte nur. Ich war in Fahrt und redete weiter, Sprüche wie »ich sehe nur ein bisschen anders aus, bin aber total normal« trug ich jahrelang wie eine Monstranz vor mir her. Ich hatte die Hoffnung, mit meiner offensiven Haltung Berührungsängste gleich im Keim zu ersticken.

Wenn sie mich bis dahin für normal gehalten hatte, müsste sie spätestens jetzt ihre Meinung ändern. Erst als sie ging, dämmerte mir, dass mein Gequatsche total dämlich und peinlich war. Für die meisten Menschen waren Körperbehinderte automatisch auch geistig etwas zurück, denn meistens wurde die Begleitperson danach ausgefragt, wie man heiße, was für eine Behinderung man habe, wie alt man sei und ob man denn alles verstehen würde und so weiter. Manchmal tätschelten mich wildfremde Menschen mit den Worten: »So ein hartes Schicksal, das arme Kind.« Meine Größe machte es ihnen schwer, mein Alter richtig einzuschätzen – klein ist gleich Kind, niedlich, hilfsbedürftig und unmündig. Anfangs, als ich aus dem Heim entlassen wurde, war ich nicht einmal imstande zu sagen, dass sie ihre Finger wegnehmen sollen. Obwohl ich längst schon kein Kind mehr war, ließ ich es meistens geschehen, denn wie die Erzieher immer zu sagen pflegten: »Schau doch nicht so, die meinen es doch nur nett mit dir.« Ich hatte gelernt: Man darf Menschen, die es nur nett mit einem meinten, nicht vor den Kopf stoßen.

Doris jedenfalls schien ob meines Aussehens keineswegs schockiert, was mich etwas verunsicherte. Wieso stellte sie mir keine Fragen nach meiner Behinderung, und auch die Frage, die immer kam: »Warumbistdudennsoklein?«, hörte ich von Doris nicht. Doris verhielt sich irgendwie komisch, nicht so, wie ich es bis dahin von Nichtbehinderten gewohnt war. Sie wollte vor allem wissen, woher ich kam, wo meine Familie zu Hause ist, seit wann ich in Deutschland lebe. Nach unserem ersten Kaffeekränzchen versprach sie wiederzukommen. Ich allerdings war überzeugt davon, dass ich sie nie wieder sehen würde. Was hatte ich denn schon zu bieten? Doris ging aufs Gymnasium, stand kurz vor dem Abitur, und ich war immer noch auf der Realschule, was mir reichlich peinlich war. Was sollte sie denn nur von mir denken? Doris wirkte auf mich so stark, so unkompliziert und vor allem so unglaublich intelligent – da konnte ich nicht mithalten. Doris wohnte nur ein paar Straßen weiter, und schon am übernächsten Tag stand sie wieder vor der Tür – ich war sehr aufgeregt und hatte die leise Hoffnung, vielleicht doch irgendwann eine Freundin von Doris werden zu können – nur wie und womit konnte ich wohl ihre Freundschaft gewinnen?

Das Leben fing an mir Spaß zu machen. Über Doris lernte ich viele andere nette Leute kennen. Ich war die Erste aus meiner neuen Clique, die nicht mehr zu Hause wohnte, und davon war sie am meisten begeistert. Doris nahm mich mit in Kneipen, in denen sie sich ab und zu an den Wochenenden mit ihren Freunden traf, die nach und nach auch zu meinen Freunden wurden. Wenn das Telefon läutete, konnte das jetzt durchaus auch ein Anruf für mich sein. Ernst, Johann und Rudi, allesamt Jungs aus der gemeinsamen Zeit im Heim, hatten sich zwischenzeitlich ebenfalls eine Wohnung gesucht und eine Wohngemeinschaft gegründet. Doris stellte mich ihren Freunden vor und ich ihr die drei Jungs. Wir organisierten die ersten Feten in meiner Wohnung. Wir luden sämtliche Leute ein, die wir kannten. Überhaupt waren wir ständig am Feiern, sei es bei uns oder bei

Ernst und den beiden anderen. In der Schule entwickelte ich wieder den nötigen Ehrgeiz, denn meine Freunde lernten ja schließlich auch. Ich lebte endlich das Leben einer jungen Frau. Ich ging in die Stadt zum Shoppen, in Diskotheken und ins Kino. Oder wir trafen uns bei jemandem zu Hause und schauten Videos. Ich lernte Schafkopfspielen und zockte die halbe Nacht durch, was am nächsten Morgen entsprechende Konsequenzen hatte. Ich hatte ja nun keinen ›Aufpasser‹ mehr, niemanden, der mich morgens weckte, mir Frühstück servierte und mich in die Schule schickte, mich mittags mit einem Essen erwartete, mir vorschrieb, Hausaufgaben zu machen, oder mir sagte, wann ich ins Bett zu gehen hatte. Für all das war ich nun selbst verantwortlich und, zugegeben, ich war streckenweise auch ziemlich überfordert damit. In meinem Zimmer sah es wie in einer Rumpelkammer aus, im Kleiderschrank ging es zu wie auf einem Grabbeltisch eines Kaufhauses. Wenn ich nach einer Klamotte suchte, wühlte ich mich durch einen Berg von Wäsche. Weiße Wäsche holte ich blau, rosa oder mit einem hübschen Grauschleier aus der Waschmaschine. Meine Lebensmittel im Kühlschrank waren kurz davor zu leben und mein Geld war knapp. Nach Unterlagen suchte ich stundenlang – je wichtiger die Unterlage, umso länger die Suche. Ich hielt es wie Einstein, der den klugen Satz sagte: »Ordnung braucht nur der Dumme, das Genie beherrscht das Chaos.« Den Spruch klebte ich mir über meinen Schreibtisch. Wenn ein Mensch wie Einstein so etwas schon sagt. Nur vergaß ich dabei, dass ich kein Genie war, sondern einfach nur eine faule, unorganisierte und chaotische junge Frau.

Später entwickelte ich eine Art fotografisches Gedächtnis – ich suchte zwar immer noch, wusste aber immerhin, welchen Haufen ich umzukrempeln hatte. Auf meinem Schreibtisch sieht es heute im Übrigen immer noch so aus – der Rest der Wohnung ist aber penibel aufgeräumt und der Schrank ebenso. Also, man muss einfach nur Geduld mit den Menschen haben, es nimmt alles irgendwann schon seinen rechten Weg.

Damals herrschte nicht nur Chaos in meinem Zimmer, sondern mein ganzer Alltag und vor allem meine Finanzen waren in Schieflage geraten. So kam es schon mal vor, dass ich nichts mehr zu essen hatte, weil ich nicht einkaufen war oder weil ich bereits Mitte des Monats kein Geld mehr auf dem Konto hatte – was häufiger vorkam. Ich konnte mit dem schnöden Mammon einfach nicht umgehen, war großzügig und verschwenderisch. Aber ich liebte mein Leben und nahm dafür in Kauf, mal ein paar Tage nur von Kaffee und Salzstangen zu leben.

Während meiner Sturm-und-Drang-Phase ließ ich den Kontakt zu meiner Familie extrem schleifen. Alle paar Wochen rief ich bei ihnen an, um ihnen zu sagen, dass es mir gut geht, und noch seltener besuchte ich sie. Jedes Mal, wenn ich bei ihnen war, merkte ich, dass mir meine Familie sehr fremd geworden war, und trotzdem liebte ich sie. Ich hatte das Gefühl, kein Teil von ihnen mehr zu sein. Viel zu unterschiedlich schienen mir diese beiden Welten, und ich hatte es nicht geschafft, mich in beiden zurechtzufinden. Meiner Familie gegenüber hatte ich ein schlechtes Gewissen, weil mir die deutsche Lebensweise nun viel näher war als die türkische – und zwar in jeder Hinsicht. Es betrübte mich sehr, dass sich meine Eltern und ich so weit voneinander entfernt hatten. Wenn ich sie besuchte, was selten genug der Fall war, bekam ich meine Geschwister kaum zu Gesicht. Sie waren jung und unterwegs. Mein Vater guckte, wie üblich, fern und ich saß mit meiner Mutter in der Küche und ließ mich von ihren Kochkünsten verwöhnen und genoss es, mal wieder etwas richtig Gutes zu essen. Meistens kochte sie meine Lieblingsgerichte wie gefüllte Auberginen oder Kohlgemüse mit selbst gebackenem Maisbrot, so eins, wie es bei meiner Oma immer gab. Nebenbei füllte ich wieder irgendwelche Formulare für die Nachbarn aus. Eine Tätigkeit, die ich schon als Kind erledigte, obwohl ich noch nicht richtig lesen und schreiben konnte. Ständig kam einer der Nachbarn mit einem Brief von einer Behörde, und ich mühte mich ab, das Beamten-

Auf dem Schoß meiner schönen Mama © *privat*

1

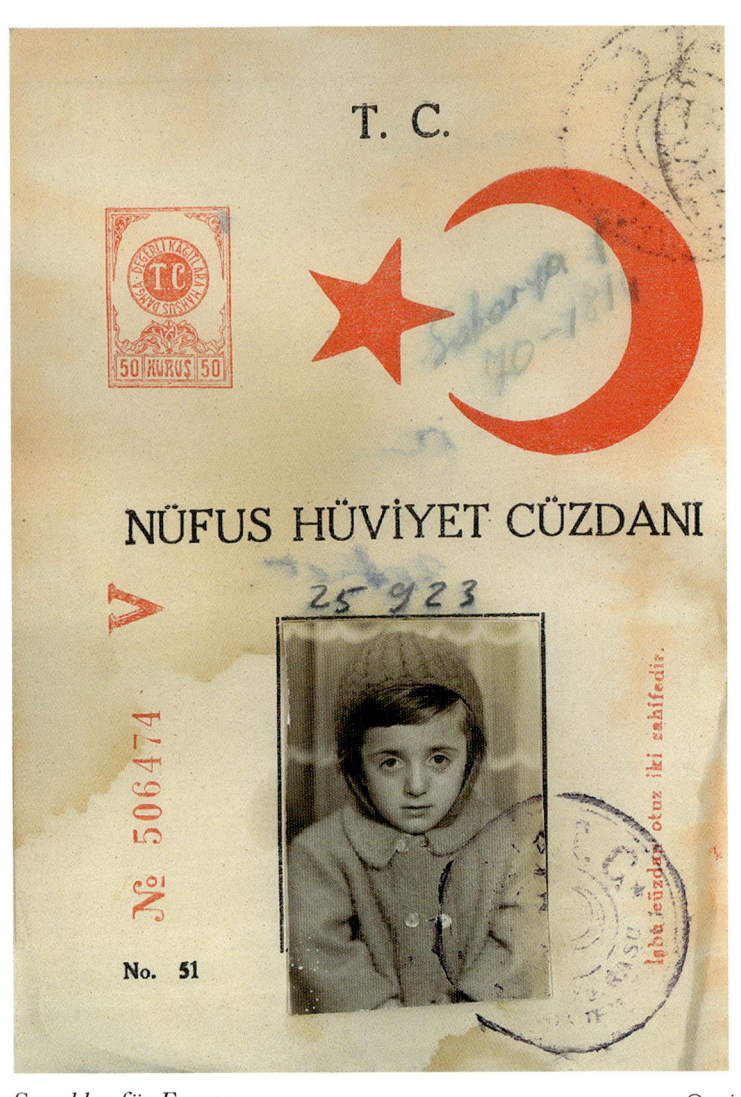

Startklar für Europa   © *privat*

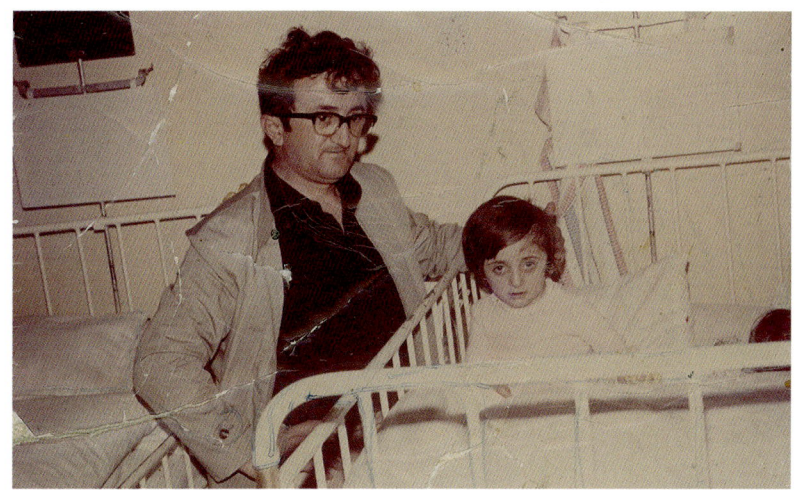

Mein Vater am Krankenbett - hoffentlich nimmt er mich mit nach Hause.

Mit Tante Sybille an der frischen Luft

26 Jahre alt - das Leben kann nun endlich beginnen.

4

Berna und ich: Ein Herz und eine Seele © *privat*

Doris, meine beste Freundin © *privat*

5

Meine Geschwister – von links: Yalcin, Aykut, Yücel, Baykut und ich

© *privat*

Meine liebe Mutter heute

© *privat*

Aufgehübscht für die TV-Moderation ›grenzenlos‹ © *privat*

Mit Axel beim Rollstuhltanzball in Ludwigsburg © *privat*

7

Zuhal, der Glückspilz   © *Conny Marx*

deutsch zu verstehen, ins Türkische zu übersetzen und dann noch die Formulare korrekt auszufüllen.

Während ich all die Köstlichkeiten in mich hineinstopfte, dachte ich an eine ganz spezielle Aufgabe, die meistens ich zu erledigen hatte: nämlich eine Amtsleitung in die Türkei zu bestellen. Kaum vorstellbar, aber zu dieser Zeit gab es noch nicht die Möglichkeit, direkt in die Türkei zu telefonieren, das Wort flatrate existierte nicht einmal. Man musste ein Gespräch anmelden, und weil die Dame vom Amt nicht sagen konnte, wann die Leitung in die Türkei stehen würde, legte sich mein Vater meistens neben das Telefon, um sofort rangehen zu können, wenn es mitten in der Nacht – und meistens dauerte es bis weit nach Mitternacht – hieß: »Ihre Leitung in die Türkei steht.« So richtig schlafen konnte in diesen Nächten, in denen wir ein Telefongespräch angemeldet hatten, sowieso niemand, denn alle wollten dabei sein, wenn mein Vater mit der Heimat verbunden wurde.

Bei meinen Besuchen zu Hause dachte ich oft daran, was wohl aus uns allen geworden wäre, wenn wir nicht nach Deutschland gekommen wären. Ich fühlte mich schuldig dafür, dass ich das Lebenskonzept meiner Eltern durchkreuzt hatte. Schuldig dafür, dass meine arme Mutter nächtelang Kleiderbügel in einer Fabrik herstellen musste und mein Vater Schneider in einem großen Betrieb war, dass seine Kreativität und Ideen nicht gefragt waren. Freilich wusste ich, dass ich nichts für dieses Erdbeben konnte, und doch war mir ständig bewusst, dass sie meinetwegen in Deutschland geblieben waren. Jedes Mal, wenn sich meine Mutter mittags zur Nachtschicht verabschiedete, hatte ich eine unglaubliche Angst, dass ihr etwas zustoßen könnte und dass sie nicht wiederkommen würde. Mein Vater schickte uns regelmäßig um neun Uhr ins Bett. Während meine Brüder schnell einschliefen, wartete ich auf meine Mutter. Erst als ich sie kommen hörte, fand ich Ruhe.

Obwohl wir bei meinen Besuchen nicht viel miteinander sprachen, genossen wir es doch, zusammen zu sein. Ich erzählte ihr natürlich nichts von meinen nächtelangen Streifzügen mit den Freunden durch die Stadt und dass ich so manchen Wecker überhörte. Sie wusste nicht, dass ich meine Wäsche selbst waschen musste und niemand mehr für mich einkaufte. Dass ich mein Zimmer selbst putzte. Sie glaubte immer noch, dass sich irgendjemand um mich kümmerte. Meine Mutter erfuhr nichts davon, was mich bedrückte. Und dass ich, wie all meine Freunde, nun auch mit dem Rauchen angefangen hatte. Vielleicht hätte ich sogar mit ihr über all das sprechen können, ich weiß es nicht. Es hätte mich sehr interessiert, welche Vorstellungen sie von meinem Alltag hatte, aber besser war es, das alles erst gar nicht zu thematisieren.

Mir war es recht, dass meine Eltern nicht so viel über mich wussten, vielleicht hätten sie mich aus Sorge wieder nach Hause geholt. Meinen Lebenswandel hätten sie sicher cok ayip gefunden. Weder Nachbarn noch die Verwandtschaft hatten etwas übrig für Mädchen, die sich nicht anständig benahmen – gleichwohl ich nichts Unanständiges oder Verbotenes tat. Ich tat das, was meine Freunde taten: Ich genoss meine Jugend. In dieser Hinsicht war meine Behinderung auch ein Segen. Von mir erwartete man schlicht nichts. Ich war anders und daher auch kein normales türkisches Mädchen, das man irgendwann verheiraten würde, deshalb ließ man mich weitestgehend in Ruhe.

Nach ein paar Stunden verabschiedete ich mich wieder von meiner Familie und kehrte zurück in meine deutsche Welt. Seltsamerweise fiel mir der Abschied jedes Mal schwer, obwohl mir die paar Stunden mit ihnen genügten, um mich eingeengt und unfrei zu fühlen. Einerseits sehnte ich mich nach dieser Familie und wollte zu ihr gehören, gleichzeitig wusste ich aber, dass ich mein Leben nicht selbstbestimmt hätte führen können, wäre ich bei ihnen geblieben. Es war also gut, wie es war. Für beide Seiten. In der Rückschau heute weiß ich, dass sie mich gewähren ließen, weil sie zum einen überfordert mit mir waren, und zum anderen, weil sie mich nicht zwingen wollten, nach ihren Regeln zu leben, von denen sie wussten, dass ich dann gar keine Chance mehr haben würde.

Mich »freizulassen« war das Größte und Beste, was meine Eltern für mich tun konnten. Als Kind hatte ich ihre Haltung oft als Desinteresse und Ablehnung gewertet, aber das war nicht richtig. Die Zuneigung und Liebe meiner Mutter und meiner Geschwister hat mich durch mein bisheriges Leben getragen, ohne dass ich immer nahe bei ihnen war.

Berna

Den einzigen engen Kontakt zur Familie pflegte ich mit meiner Cousine Berna, die zwei Jahre jünger war als ich. Zwischen uns bestand von Anfang an eine tiefe Freundschaft und Verbundenheit. Berna und ihr Bruder kamen ein paar Jahre nach uns nach Deutschland. Ihre Eltern wohnten bereits in Freising und wollten erst einmal probeweise hier leben, ehe sie die beiden nachholten. Es müssen wieder einmal Ferien gewesen sein, ich war etwa zwölf Jahre alt, als mir meine Tante die beiden vorstellte. Berna sah so nett aus mit ihren dicken Zöpfen. Ibrahim hielt seine kleine Schwester fest an der Hand, als sie uns gegenüberstanden. Zuvor hatte ich von den beiden noch nie etwas gehört. Sie würden ab nun auch in Deutschland leben, erklärte mir meine Mutter. Und als ich dann auch noch erfuhr, dass wir dieselben Nachnamen hatten, fühlte ich mich absolut mit ihnen verbunden.

Berna und ihre Eltern lebten damals auf einem Bauernhof, wo es richtig ursprünglich zuging. Das erinnerte uns an unsere Türkei, und so liebten wir es, mit der Bäuerin und ihrer Nichte, die in unserem Alter war, mit einem Glas Milch in der Hand auf der Holzbank zu sitzen und die Kühe zu beobachten. Es war herrlich idyllisch und die Landluft machte mich einfach glücklich. Zum Glück waren unsere Väter unzertrennlich und hingen sehr aneinander, so dass wir oft in Freising waren oder sie zu uns kamen. Und weil die beiden Herren dem Raki sehr zugetan waren, gab es an den Abenden oft ein kleines Fest, mit feinem Essen und gutgelaunten Vätern. Es sei denn, sie bekamen sich mal wieder in die Haare. Dann kündigten sie einander die Verwandtschaft, bekundeten lautstark, im ganzen Leben noch nie von einem Menschen so enttäuscht worden zu sein. Man brüllte sich noch allerlei Gemeinheiten hinterher und wünschte sich gegenseitig zum Teufel, während die Mütter eiligst die Kinder und Sachen zusammenpackten, um den in Rage geratenen Ehemännern hinterherzulaufen. Jedes Mal dachten wir Kinder, dass wir uns nie wieder sehen würden, so wie die Fetzen wieder einmal geflogen waren. Am nächsten Morgen läutete das Telefon, es folgten noch einmal diverse Schuldzuweisungen, und die Sache war geklärt. Schon am nächsten Samstag saßen wir mit einer Flasche Raki im Gepäck im Auto und fuhren nach Freising zu den Verwandten. Und sie benahmen sich ganz so, als wäre nie etwas passiert – bis zum nächsten Streit, und der kam ganz gewiss! Wir waren schon ein lustiger Haufen. In diesen Momenten war ich unglaublich stolz, ein Teil dieser Familie zu sein.

Neben Doris war Berna meine beste Freundin. Mit ihr konnte ich über alles reden. Wir telefonierten täglich und besuchten uns an den Wochenenden. Meistens kam sie zu mir und blieb. Denn sie lebte ja noch bei ihren Eltern und bei mir hatten wir sturmfreie Bude. Berna war ein extrem schönes Mädchen und wurde später eine sehr schöne Frau. Sie hatte tolle lange und dunkle Locken und schneeweiße Zähne, beim Lachen sah man jeden einzelnen Zahn. Berna war mein Bindeglied zur Familie. Sie erzählte mir alle Neuigkeiten über meine, ihre und unsere gemeinsamen Verwandten. So war ich, auch wenn ich keinen von ihnen regelmäßig sah, wenigstens immer über alle informiert. Berna besaß und sammelte alle Bilder, die sie von der Familie irgendwie ergattern konnte, und so verbrachten wir die Wochenenden manchmal damit, gefühlte 5000 Bilder anzuschauen. So lernte ich durch Bernas Erzählungen nach und nach alle Familienmitglieder in der Türkei kennen.

Berna begleitete mich auch oft, wenn ich meine Schwester oder meinen Bruder Baykut besuchte, der zwischenzeitlich, wenn auch sehr jung, geheiratet hatte. Er hatte schon einen Sohn, Volkan. Kurz darauf kam Oltan zur Welt. Heute sind sie zwei ganz wunderbare, junge, erwachsene Männer, die ganz und gar nicht dem gängigen Klischee entsprechen. Volkan war zwar in der Schule der Erfolgreichere, aber Oltan nutzte die Chance, die er bekam. Mit der Schule nahm es Oltan nicht ganz so genau, kapierte aber im letzten Moment, dass er Gas geben musste, wollte er nicht in eine aussichtslose Zukunft abdriften. Heute ist er sehr, sehr erfolgreich in seinem Beruf des Einzelhandelskaufmanns und macht seine Sache perfekt – und Volkan sowieso.

Berna und ich waren nicht nur Cousinen, zwischen uns entwickelte sich eine tiefe Freundschaft. Berna war viel verwurzelter in ihrer Familie und unserer Kultur als ich, und trotzdem kämpfte auch sie um Anerkennung und ihre Eigenständigkeit. Weder ihre Eltern noch meine waren besonders konservativ, streng religiös oder sonstwie dogmatisch, und bis zu einem gewissen Grad konnten sie auch loslassen. Sie hatten aber trotzdem ihre klaren Vorstellungen. Und Berna wollte unbedingt diesen Spagat schaffen und beiden Kulturen gerecht werden. Während für mich klar war, dass Deutschland meine Heimat ist und hier meine Zukunft lag, versuchte Berna die beiden Welten immer in Einklang zu bringen. Anders als von mir erwartete man von Berna natürlich, dass sie irgendwann heiraten und ihre eigene Familie haben würde.

Wir zerbrachen uns oft nächtelang in meiner WG-Küche den Kopf, warum sich diese beiden Welten so schwer miteinander verbinden ließen und wie man es schaffen könnte, ohne irgendjemanden dabei zu verletzen. Wie es uns gelingen könnte, so zu leben, wie wir wollten, ohne dabei unsere türkischen Wurzeln völlig zu ignorieren.

Türkeireise

Unsere WG-Küche und je nach Wetter auch die Dachterrasse in Neuperlach wurden mehr und mehr zum Treffpunkt für uns alle, ein idealer Ort zum Schwatzen und ›Abhängen‹. Ständig waren irgendwelche Leute da. An einem Abend im Sommer kamen Rudi, Karl, ein ehemaliger Heimbewohner, und sein Zivi Franz auf einen Sprung vorbei. Wir saßen auf der Dachterrasse, tranken Bier und Cola und plauderten darüber, wer welche Urlaubspläne hatte. Ich träumte von einer Reise in die Türkei – ich wollte so gerne meine Heimat sehen, bevor meine Erinnerungen ganz verloren gingen.

Berna und ihre Familie und meine Geschwister – sie alle steckten in den Vorbereitungen für ihren Türkeiurlaub, und das weckte meine alljährliche Sehnsucht nach diesem Land. Ich weiß nicht mehr genau, wer es sagte, aber plötzlich hieß es: »Lasst uns doch alle in die Türkei …« Netter Witz. Wie sollte das gehen? Besonders mit Karl, der auf 24 Stunden Hilfe am Tag angewiesen war, weil er absolut nichts selbständig machen konnte, und der wegen seiner Behinderung, einer Muskeldystrophie, ein paar mehr Hilfsmittel brauchte als Rudi und ich. Für uns beide war es kein Problem, aus dem Rollstuhl zu steigen und in einem Schlafsack auf dem Boden zu liegen. Aber für Karl war das undenkbar. Außerdem gab ich zu bedenken, dass die Fahrt in die Türkei die reinste Hölle sein musste. Sonst hätte mein Vater ja nicht die Sorge gehabt, dass ich die Reise nicht überleben würde. Wie sollte es dann Karl dabei ergehen, der sich ohne fremde Hilfe überhaupt nicht bewegen konnte? Karl allerdings war am meisten entspannt von uns allen und sagte immer nur: »Irgendwie geht das schon.«

Und wie sollten wir die Reise finanzieren? Wir alle hatten nur das Geld, das uns vom Sozialamt monatlich überwiesen wurde. Das Geld, das Franz für seinen Zivildienst bekam, reichte gerade mal für ihn selbst. Und außerdem: Wie sollte Franz als einziger Fußgänger alleine mit uns drei Rollstuhlfahrern in der Türkei zurechtkommen – spätestens jetzt war uns klar: Es war eine dumme Idee. Wollten wir tatsächlich in die Türkei, bräuchten wir noch weitere Reiseteilnehmer, doch die meisten Freunde hatten ihren Urlaub ja schon geplant. Für einen kurzen Moment genoss ich das tolle Gefühl, mir eine Türkeireise vorzustellen. Aber es war nicht zu machen – mit dieser Erkenntnis trennten wir uns schließlich spätnachts.

Am übernächsten Tag rief Rudi an. Er hätte einer Bekannten von unseren Plänen erzählt und sie sei so begeistert, dass sie sofort mitfahren würde. Außerdem bekundete auch Max, der beste Freund meines Mitbewohners, sein Interesse an unserer Reise. Mit den beiden neuen Mitreisenden sah unser Plan nun gar nicht mehr so unrealistisch aus. Die endgültige Entscheidung aber überließen wir Karl. Ihm würden die Fahrt und die gesamte Reise am meisten abverlangen. Nur er konnte sagen, ob er die Strapazen auf sich nehmen wollte oder nicht. Für uns war klar: Wir würden nur alle gemeinsam fahren oder gar nicht.

Franz hatte ich ein Jahr zuvor auf meiner Geburtstagsfeier kennengelernt. Ich hatte ein paar Freunde eingeladen, und er hatte gerade »Dienst bei Karl«. Er war noch nicht mal richtig zur Tür hereingekommen, schon hatte ich mich unsterblich in diesen Mann verknallt. Sein freundliches Lachen, die Art, wie er mit Menschen umging, imponierten mir sehr. Mit ihm gemeinsam meine Heimat entdecken zu dürfen, war schon ein sehr verlockender Gedanke.

Karl dachte nicht allzu lange darüber nach, ein paar Tage später verkündete er, dass wir fahren würden – er habe keinerlei Bedenken. Er würde schon alles so organisiert bekommen, dass er gut versorgt sein würde. Mein Herz raste vor Aufregung. Sollte ich nach über zwanzig Jahren tatsächlich wieder in die Türkei fahren? Meine Verwandten wollten wir dabei nicht besuchen, denn von meinen Reiseplänen erzählte ich zu Hause natürlich nichts. Ich weiß nicht, wie meine Eltern auf diese Kunde reagiert hätten, und mit »das hab ja nicht ich, sondern die Schule entschieden« konnte ich dieses Mal definitiv nicht kommen. Ich musste also undercover, in geheimer Mission, in die Türkei reisen.

Was unsere Reiseroute betraf, so waren wir uns schnell einig. Side, den damals schon beliebten Touristenort, wollten wir unbedingt gesehen haben. Einen kurzen Abstecher wollten wir auch an die Schwarzmeerküste machen, klar, und ich drang darauf, dass wir bei unserer Route einen ausreichenden Abstand zu meiner Heimatstadt einhielten.

Eine Woche vor unserer Abreise war an Schlaf nicht mehr zu denken. Karl hatte sich ein gemütliches Reisebett besorgt, in dem er gut liegen konnte, was enorm wichtig war, weil er sich nicht selbständig im Bett drehen konnte. Außerdem nahm er einen Berg Kissen, Decken und Polster in allen Größen mit und ein riesiges Wohnzelt, in dem er sein Bett aufstellen konnte. Auf seinen Elektrorollstuhl wollte Karl auch nicht verzichten. Alleine mit Karls Gepäck war der VW-Bus, den Franz fahren wollte, schon mehr als voll. Immerhin musste auch noch unser Gepäck und Rudis und mein Rollstuhl untergebracht werden. Rudi hatte bereits seit einiger Zeit den Führerschein und ein eigenes Auto, aber war er auch in der Lage, eine solche lange Strecke zu fahren? Ziemlich kopf- und planlos traten wir schließlich unsere Reise in die Türkei mit zwei Fahrzeugen an.

Unsere einzelnen Reiseziele waren recht diffus, und wo wir übernachten würden, wussten wir nicht. Keiner von uns hatte wirklich Ahnung von Land und Leuten. Und niemand von uns war bisher eine so lange Strecke mit dem Auto gefahren, geschweige denn hatte selbst am Steuer gesessen. Ich fürchtete mich vor dem sogenannten >Autoput<, der Höllenautobahn durch das ehemalige Jugoslawien. Wann immer meine Familie, Verwandte oder Bekannte aus der Türkei zurückkamen, wussten sie die reinsten Horrorgeschichten über diese Autobahn zu erzählen. Mitten in der Nacht stiegen wir in die Autos – offenbar hatte nur ich gemischte Gefühle – und fuhren los.

Der Autoput war genauso schrecklich, wie ich ihn mir vorgestellt hatte. Enge Fahrbahnen, ein LKW nach dem anderen und dazwischen zahlreiche Mercedes meiner Landsleute, manche mit einer Waschmaschine auf dem Dach – jedenfalls meterhoch beladen. Rudi und Franz hatten sichtlichen Spaß. Wie die Wahnsinnigen pesten wir an den LKW vorbei und scherten im letzten Augenblick wieder ein, und ebenso verhielten sich die entgegenkommenden Fahrzeuge. Dass sich manche dabei verkalkuliert hatten, sah man an den Autos, die umgekippt im Graben lagen. Hätte man nicht überholt, wäre man auf dieser Strecke vermutlich verhungert, denn die LKW kamen nur im Schneckentempo voran. Wann immer Rudi oder Franz ihre Blinker setzten, war ich klatschnass geschwitzt, nicht nur, weil es heiß war, sondern weil ich jederzeit mit unserem Ableben rechnete. Diesen Umstand bemerkten sie natürlich und machten sich unglaublich lustig über mich. Sie hatten ihren Spaß und ich drückte, wie schon als Kind, wenn es brenzlig wurde, ganz fest die Daumen. Ich dachte an meine Eltern, für die diese Strecke wohl schon so etwas wie Routine geworden war, und wunderte mich, dass sie jedes Jahr wieder unfallfrei und heil nach Hause kamen. Was für ein Glück, dass ich diese

Strecke vorher nicht gekannt hatte, ich wäre vermutlich vor lauter Sorge um sie gestorben.

An der griechischen Grenze bekam ich als Einzige ein Transitvisum, was bedeutete, dass ich binnen eines Tages das Land wieder zu verlassen hatte. Das sagte der Zollbeamte mit einem derartigen Nachdruck, dass mir angst und bange wurde. Ich hoffte nur, dass wir Griechenland heil und schnell passieren würden. Dass es bis in die Türkei nur noch ein Katzensprung war, war mir nicht wirklich klar. Keine 24 Stunden nach unserer Abfahrt aus München standen wir am Grenzübergang zur Türkei, und ich war überwältigt. Überwältigt von diesem Gefühl, wieder in der Türkei zu sein. Die Sonne war längst untergegangen und wir waren auf der Suche nach einem Schlafplatz. Wir fuhren durch kleine Straßen und aus den Läden strahlte Neonlicht auf die Straße, aus den Cafés, in denen natürlich nur Männer saßen, drang orientalische Musik. Vor den Häusern saßen Frauen, die schwatzten und lachten, Kinder rannten herum. Das hier war eine andere Welt, die mich an meine Kindheit erinnerte. Unsere erste Nacht verbrachten wir auf einem Rastplatz. Wir legten uns mit unseren Isomatten auf die angrenzende Wiese und kuschelten uns in unsere Schlafsäcke. Für Karl wurden die Sitze im VW-Bus umgeklappt, das Zelt konnten wir hier nicht aufstellen. Besonders gut geschlafen hat keiner von uns. Immerhin lagen wir schutzlos unter freiem Himmel in einem fremden Land, über das wir kaum etwas wussten.

Am nächsten Tag wollten wir von der grenznahen Stadt Edirne aus nach Istanbul fahren. Mein Istanbul, aus dem ich vor mehr als zwanzig Jahren ›verschleppt‹ wurde. Ich war gespannt auf diese Stadt, an die ich mich nur schemenhaft erinnern konnte. Wir besorgten uns Kaffee, aßen unsere letzten Brote und machten uns auf in die Stadt am Bosporus. Dass wir uns in dieser pulsierenden Stadt nicht einfach so in den Park legen oder auf dem Parkplatz unser Lager aufschlagen konnten, war uns schnell klar, also suchten wir uns eine Unterkunft. Nach ein paar Stunden Irrfahrt durch die Stadt fanden wir endlich ein recht günstiges Hotel, das sogar einen Aufzug hatte. Beim Einchecken hoffte ich, dass die Pässe meiner Freunde genügen würden, aber auch mein Ausweis wurde verlangt, woraufhin das Personal mit einem Riesenfragezeichen im Gesicht reagierte und mich fragte: »sen türk misin?« (bist du Türkin?). Fortan wurde, wann immer die Leute herausfanden, dass ich Türkin war, nur noch ich – und nur noch auf Türkisch – angesprochen. Verstehen konnte ich die Sprache ja noch irgendwie – aber mit dem Sprechen tat ich mich richtig schwer.

Die meisten Menschen, die wir trafen, ob in Hotels oder auf der Straße, verstanden nicht, was für eine seltsame Gruppe wir waren, und so wurden wir angestarrt, dass es fast schon unheimlich war. Angestarrt zu werden, waren wir ja schon gewohnt, aber dieses Starren hatte eine ganz andere Qualität. Die Leute waren extrem neugierig, und egal, wo wir hinkamen, wurden wir mit Fragen überhäuft. Von Diskretion keine Spur. Sie fragten einfach alles. Wer wir sind, woher wir kommen, was wir hier in der Türkei wollen, welche Behinderung wir haben, ob wir verheiratet sind. Wieso ich ein so miserables Türkisch spreche, wo ich doch eine Türkin sei. Warum Karl seinen Arm nicht selber heben und damit auch nicht selbständig essen kann und wo unsere Familien sind. Ich hatte schnell kapiert, dass die Türken sehr, sehr neugierige und interessierte Menschen waren, deshalb war es mir lieb, wenn ich möglichst lange unentdeckt bleiben – und wie meine Freunde einfach nur eine Touristin sein konnte. Als Dolmetscherin war ich nur bedingt zu gebrauchen – wurde aber im Laufe unserer Reise immer besser, das zu meiner Ehrenrettung.

Zwei Tage lang erkundeten wir diese riesige Stadt und stellten fest, dass man mit einem Rollstuhl hier aufgeschmissen war. Die Gehwege, so es diese überhaupt gab, waren mit Schlaglöchern übersät, und man musste ständig aufpassen, nicht in einem dieser Löcher mit den Rädern hängen zu bleiben und aus dem Rollstuhl zu fallen. Die Randsteine waren zum Teil einen Meter hoch. Am besten, man fuhr einfach auf der Straße, was natürlich bei dem Großstadtverkehr in

Istanbul ziemlich gefährlich war – aber wir hatten keine andere Wahl. Auf Rollstühle war man hier – genauso wie in den anderen Orten, die wir noch besuchten – nicht eingestellt, deshalb waren so manche Sehenswürdigkeiten für uns einfach nicht zu erreichen. Schließlich machten wir uns auf den Weg Richtung Adapazarı. Wenn es nach mir gegangen wäre, hätten wir Adapazarı, meine Heimatstadt, und Karasu, meinen Geburtsort 45 Kilometer von Adapazarı entfernt, weiträumig umfahren, die anderen bestanden aber auf eine Stippvisite in meine Heimat – sie wollten schließlich gerne sehen, woher ich kam. Ich ließ mich überreden und hatte die Hoffnung, dass wir dort keinem Bekannten begegnen würden und dass man mich dort ohnehin nicht erkennen würde. Wir fuhren also nach Adapazarı und dann weiter nach Karasu.

In diesem kleinen Örtchen direkt am Meer wollten wir irgendwo am Strand unsere Zelte aufbauen. Ich wusste, dass Teile meiner Familie und auch mein Vater eine kleine Wohnung irgendwo in der Nähe von Karasu hatten, wo sie den Großteil des Sommers verbrachten. Ich bestand darauf, etwas weiter weg von den Häusern zu nächtigen. Wir fanden eine schöne Stelle, direkt am Meer. Max und Franz bauten unser riesiges Wohnzelt auf. Anschließend wollten wir uns die Gegend ein bisschen ansehen und etwas zu essen besorgen. Wir marschierten die Straße entlang, als plötzlich neben uns ein grünes Auto mit Freisinger Kennzeichen heftig bremste, und aus dem Auto guckte verdutzt mein Cousin Ibrahim. Ich flehte ihn geradezu an, niemandem von dieser Begegnung zu erzählen, denn ich fürchtete ganz großen Ärger. Außerdem wären wir ohnehin auf der Durchreise und hätten gar keine Zeit. Ich hatte eine solche Angst davor, meine Eltern zu treffen.

Ibo versprach, keinem etwas zu sagen, aber ich wusste nicht, ob ich ihm in dieser Hinsicht trauen konnte. Natürlich behielt er diese Neuigkeit nicht für sich. Ein paar Stunden später standen Ibo und Berna mit weiteren Cousinen und Cousins an unserem ›Lager‹, um uns abzuholen. Die anderen zögerten – mir blieb keine Wahl – die

Familie würde mich schon sehnsüchtig erwarten. Berna beruhigte mich und versicherte mir, dass niemand sauer sei, im Gegenteil – sie alle seien so gespannt auf mich und würden sich wahnsinnig freuen. Und tatsächlich. Ich wurde wie ein Popstar umjubelt und begrüßt. Tanten, Onkel, Nachbarn und Freunde stürzten sich auf mich und alle redeten durcheinander. Leider erkannte ich tatsächlich niemanden mehr. Radebrechend erzählte ich von unserer Reise, und alles, was ich nicht verstand oder selbst nicht mit Worten erklären konnte, übersetzten Ibo und Berna. Meine Mutter strahlte über das ganze Gesicht und freute sich über die Überraschung – die ja gar nicht beabsichtigt war. Was für ein Glück – niemand machte mir einen Vorwurf, wie ich nur so unvernünftig sein konnte, diese Reise zu machen.

Seit Tagen hatte ich nicht mehr geduscht, und das wollte ich sofort nachholen. Anschließend gab es ein Festessen. Ich war unglaublich stolz und fühlte mich ganz zu Hause. Am nächsten Tag zeigte mir meine Mutter das Haus, in dem ich geboren wurde. Ein rosafarbenes Haus mit einer blauen Tür. Sie zeigte mir, wo wir gespielt und in welchem Zimmer ich geschlafen habe. In das Haus hineingehen konnten wir nicht, denn es war vermietet. Stolz präsentierte mich meine Mutter auch noch einigen Nachbarn, die mich seit meiner Kindheit nicht mehr gesehen hatten. Sowohl die Nachbarn als auch meine Familie waren von meinem Anblick sehr überrascht, das sah man ihnen an. Sie alle dachten, dass mich die Ärzte in Deutschland wiederhergestellt hätten, und nun kam ich im Rollstuhl wieder. Arme und Beine krumm wie eh und je. Und weil sie nicht verstanden, warum das so war, löcherten sie meine Mutter mit Fragen. Sie alle interessierten sich nicht nur für mich, sondern auch für meine Freunde. Dass Karl ihnen ganz besonders leidtat, damit hielten sie nicht hinterm Berg.

So viel Mitleid von anderen Menschen ging uns gewaltig auf die Nerven. Aber was soll's. Andere Länder, andere Sitten. Beeindruckt waren sie von Franz, wie aufopferungsvoll er sich um Karl kümmerte

– und das als Mann! Eine kritische Stimme gab es dann doch. Die älteste Schwester meines Vaters warf uns Verantwortungslosigkeit vor. Sie verstand einfach nicht, warum wir in unserer Situation eine solche lange Reise unternehmen mussten.

Ein paar Tage waren wir zu Gast bei meiner Familie. Wir wurden bekocht und umsorgt und durften im Haus eines Verwandten übernachten. Das Haus stand zwar leer, aber wir hatten ja alles Nötige dabei, und was uns noch fehlte, schleppte die Familie an. Jeden Morgen bekamen wir das Frühstück geliefert, und abends saßen wir alle an einem Tisch, aßen zusammen und tranken Tee bis spät in die Nacht. Für die Männer gab es natürlich auch Alkoholisches – für uns Frauen selbstverständlich nicht. Auch Rauchen war uns Frauen vor den Älteren nicht gestattet. Und klar richtete ich mich danach. Ich wollte ja eine junge türkische Frau sein wie meine Cousinen. Mir waren diese Gepflogenheiten nicht ganz neu. Türkische Frauen hatten sich anders zu verhalten als die Männer. Es schien das Normalste von der Welt zu sein und ich hatte nicht den Eindruck, dass die Mädels sich irgendwie unterdrückt fühlten. Was nicht heißen soll, dass die Unterdrückung der Frau eine Märe ist.

Nach den Tagen mit der Familie setzten wir unsere Türkeireise fort. Besonders weit kamen wir allerdings nicht, denn schon nach wenigen Kilometern machte unser VW-Bus schlapp. Mit einer Autopanne steht man in der Türkei nicht lange alleine herum und als Ausländer erst recht nicht. Wobei ich ja zum ersten Mal in meinem Leben keine Ausländerin war, ich hatte den Pass dieses Landes in meiner Tasche – ein seltsames Gefühl. Jedenfalls eilten sofort ein paar junge Männer herbei, quatschten durcheinander, und ich versuchte ihnen zu folgen und übersetzte, so gut ich konnte. Der Bus musste in eine Werkstatt, so viel stand fest. Und wir? Wir waren in Düce, etwa 60 Kilometer von Adapazarı entfernt, gelandet und hatten keine Ahnung, wie lange wir bleiben mussten und wo wir übernachten würden. Tatsächlich aber gab es in dieser entlegenen Kleinstadt ein recht passables Hotel – sogar mit einem winzigen Lift. Dort checkten wir notgedrungen ein und hofften sehr, dass unser Aufenthalt nicht allzu lange dauern würde.

Drei Rollstuhlfahrer im Hause zu haben, war eine mächtige Herausforderung für das Personal, und gerade deshalb wollten sie ihre Sache besonders gut machen und kümmerten sich rund um die Uhr um uns. Ständig wurde Mobiliar verschoben, wurden Holzbretter zu Rampen umfunktioniert und Tische herbeigeholt, als sie merkten, dass die kleinen Tischchen in der Lobby für uns viel zu niedrig waren. Wir ließen uns die Urlaubslaune trotz unseres defekten Gefährts nicht verderben, und abends in der Hotelbar sollte ich dann auch noch verheiratet werden. Ein türkischer Geschäftsmann, ebenfalls auf der Durchreise, wie ich annahm, setzte sich neben mich und fragte mich aus. Dann schwärmte er von seinem besten Freund, der kaum größer sei als ich, dafür aber sehr reich und sehr gebildet, und dass dieser ›Supermann‹ einfach keine Frau finden würde. Die Begegnung mit mir sei Gotteswerk, kein Zufall, nein! Ganz bestimmt nicht, meinte der Herr, der deutlich älter war als ich. Er würde mich gerne seinem Freund vorstellen, natürlich aber erst mit meinen Eltern sprechen. Ich würde bei seinem Freund und seiner Familie in sehr guten Händen sein, und er sei sich sicher, dass sein Freund nicht eine Sekunde zögern und mich sofort ehelichen würde. Und weil ich mir nicht sicher war, ob ich all diesen befremdlichen Unsinn auch wirklich richtig verstanden hatte, fragte ich mehrfach nach, was er als großes Interesse meinerseits interpretierte. So war die Sache für ihn schon fast geritzt, es seien nur noch ein paar Formalien zu klären, meinte er. Ich schluckte, die anderen bogen sich vor Lachen, ich musste ja das ›Gespräch‹ ständig übersetzen. Ich hielt das Ganze ebenfalls für einen reichlich blöden Witz und lachte mit, was mein Heiratsvermittler gar nicht komisch fand. Sein Blick verfinsterte sich, und mit strenger Stimme ermahnte er mich, dass man über ein solch wichtiges Thema keine Witze machen würde. Mir war nicht klar, wie ich diese Situation einzuordnen hatte, und ganz allmählich wurde mir die Sache unheimlich. Vielleicht war dieser Mann sogar bereit, mich für seinen Freund zu verschleppen – man hörte ja so allerhand.

Am nächsten Morgen gingen wir sehr früh in die Werkstatt, um nach dem Auto zu sehen. Eine Zündkerze sei defekt und man müsse sie bestellen, und das dauere mindestens einen Tag. Im Hotel verkroch ich mich gleich in mein Zimmer. Ich hatte Sorge, dass der ›Brauthunter‹ mit dem verschmähten Bräutigam auftauchen könnte, und ein Wiedersehen mit ihm wollte ich unbedingt vermeiden. Während die anderen den Abend wieder ausgelassen in der Hotellobby verbrachten, sperrte ich mich oben im Zimmer ein. Am späten Nachmittag des folgenden Tages hielt der Mechaniker endlich die ersehnte Zündkerze in den Händen, und schon brummte der Motor wieder und wir konnten unsere Reise fortsetzen. Den ›Heiratsvermittler‹ habe ich nicht wiedergesehen. Er hatte wohl eingesehen, dass ich doch nicht die richtige Frau für seinen Freund war.

Wir fuhren, wie geplant, nach Göreme, Efesus, Pamukale und anschließend nach Side. Dort verbrachten wir ein paar schöne Tage auf einem Campingplatz direkt am Meer und fuhren drei Wochen später wieder nach Hause. Eine recht abenteuerliche Reise lag hinter uns. Für mich war diese Tour allerdings mehr als nur ein gelungener Urlaub. Das Wiedersehen mit meiner Familie war ein ganz großer Moment in meinem Leben, der mich emotional zutiefst berührt hat. Ich war begeistert von meiner Familie, die modern und sehr offen war. Mich beeindruckte das Selbstbewusstsein meiner Cousinen, die studierten und gar nicht daran dachten, zu heiraten. Keine von ihnen war irgendjemandem versprochen. Sämtliche Vorurteile bestätigten sich nicht. Natürlich gab es Regeln, denen sich alle unterwerfen mussten, nur so konnte ein Zusammenleben eines so großen Familienverbundes überhaupt funktionieren. Männer und Frauen gingen mehr oder weniger getrennte Wege. Die Frauen kümmerten sich vor allem um Familie und Haushalt. Die Männer gingen zur Arbeit oder ins Café. Ich hatte aber nie das Gefühl, dass die Frauen oder Mädchen zu irgendetwas gezwungen wurden. Bis zu dieser Reise hatte ich ein völlig anderes Bild von meinen Landsleuten – eben jene Klischees, die hierzulande bis heute gehegt und gepflegt werden, die ich vor Ort aber nicht bestätigt bekam.

Sosehr mich diese Reise in meine Vergangenheit auch faszinierte, so sehr führte diese Erfahrung auch wieder zu einer inneren Zerrissenheit, die ich dachte überwunden zu haben. Ich hatte mich doch schon längst entschieden: Ich wollte ein deutsches, ein bayerisches Mädel sein. Plötzlich hatte ich das Gefühl, zwischen meinen beiden Kulturen zu stehen. Die Reise in meine Heimat hatte mich nachhaltig beeindruckt, so dass ich beschlossen hatte, wieder öfter die Familie zu besuchen und vor allem wieder richtig Türkisch sprechen und verstehen zu lernen. Ich wollte meine türkische Herkunft nicht mehr verleugnen, sondern sie als Bereicherung sehen, denn das war sie zweifelsohne.

Führerschein in Gefahr

Meine Schulabschlüsse holte ich über den zweiten Bildungsweg nach. Ich hätte so viel Zeit sparen können, wenn man mich frühzeitig entsprechend gefördert hätte. Denn der zweite Bildungsweg war für mich enorm anstrengend und verlangte eine unglaubliche Disziplin. Die Prüfungen bestand ich mit nächtelangem Lernen auf den letzten Drücker. Ich hatte mich über die Jahre an meine Freiheit und das selbständige Leben gewöhnt. Und so schrieb ich mich mit Mitte zwanzig an der Hochschule für Politik in München ein und freute mich auf mein Studentenleben.

Ganz nebenbei erfuhr ich, dass mir nun, damit ich auch ordentlich studieren und meine Vorlesungen regelmäßig besuchen konnte, von Staats wegen als Integrationsmaßnahme der Führerschein und ein Auto bewilligt werden könnten, wenn ich entsprechende Anträge stellte. Von diesem Moment an träumte ich nur noch vom Autofahren. Und ich fuhr phantastisch gut! Mein Vater war skeptisch und hielt die Idee mit dem Führerschein für das reinste Hirngespinst, wie sollte das denn gehen? Ich sollte bitte realistisch bleiben und mir keine falschen Hoffnungen machen. Doch ich ließ mir meinen Traum nicht mehr ausreden. Ein paar Hürden waren allerdings noch zu nehmen: Ich brauchte ein technisches Gutachten, in dem festgestellt wurde, wie das Fahrzeug umzurüsten sei, damit ich es selbständig fahren konnte. Zum anderen stand mir der sogenannte ›Depperltest‹ – die medizinisch-psychologische Untersuchung – bevor, ohne die gar nichts ging. Die technische Untersuchung lief völlig unproblematisch: Pedalanpassung, Sitzerhöhung, fertig, und los konnte es gehen. Anders verlief die MPU. Frühmorgens saß ich in einem riesigen Raum der Kfz-Behörde in München inmitten von Männern, die mit ihren abstrusen Geschichten prahlten. Sie hatten ihren Führerschein wegen übermäßigen Alkoholkonsums, Rasereien, der Missachtung von Verkehrsregeln oder schlimmen Unfällen, an denen sie beteiligt waren, verloren und wurden nun – zu Recht – auf ihren Geisteszustand untersucht.

Ich war die Einzige, die aufgrund ihrer Behinderung da war, was ich als äußerst diskriminierend empfand. Die medizinischen Tests waren kein Problem, auch mit meiner Reaktionszeit und meiner Wahrnehmung war es zum Besten bestellt, auch wenn ich kaum an die Knöpfe, Schalter und Hebel reichte. Als letzte Untersuchung stand noch ein Gespräch mit einem Psychologen an. Aber das sei nur eine Formalie, erklärten mir meine Freunde, die das alles schon hinter sich hatten. Eine Sekretärin rief mich auf und ich rollte entsprechend entspannt an den Schreibtisch des Psychologen, auf dem sein überdimensioniertes Namensschild Dr. Dr. gleich mal eine imaginäre Trennwand zwischen uns aufbaute. Das Schild sollte mir wohl seine Macht demonstrieren und mich einschüchtern, was es auch tat. Er wollte wissen, warum ich überhaupt den Führerschein machen wollte. Ich erklärte es ihm, er nickte. Er wollte mehr über mein Leben erfahren, kramte also ganz tief in meiner ›Kindheitskiste‹. Mich langweilte es, über das Erdbeben zu erzählen, an das ich mich kaum erinnerte. Er wollte wissen, wie ich mich damals gefühlt hatte. Was sollte ich erzählen, ich war damals gerade einmal drei Jahre alt. Weil ich nicht verstand, was dieser ganze Unsinn mit dem Führerschein zu tun hatte und ich nichts riskieren wollte, beantwortete ich seine wirren Fragen. Er schrieb wie ein Verrückter auf seinen Block – kringelte irgendetwas ein, strich durch, um mir schließlich von unverarbeiteten Traumata zu erzählen. Schließlich kam er zu dem Ergebnis, dass das Auto und ich quasi natürliche Feinde wären. Er sei nämlich davon überzeugt, und meine Berichte sprächen schließlich dafür, dass ich im Innersten mit meinem Leben längst schon abgeschlossen hätte und ich mir, sobald ich ein Auto hätte, das Leben nehmen würde. Um mich also vor mir selbst zu schützen, wollte er mir die Eignung zum Führen eines Fahrzeuges aus psychologischer Sicht nicht bestätigen. Es war kurz nach ein Uhr mittags, seit sieben Uhr, also seit sechs Stunden, beantwortete ich schon bescheuerte Fragen, drückte Knöpfe, an die ich nur mit Mühe reichte, und nun das? Was redete der Mann für ein dummes Zeug?

Doch ihm war es damit richtig ernst. Er glaubte tatsächlich diesen Unsinn, den er gerade von sich gab. Jetzt musste ich mich wehren, denn ich sah meine Felle davonschwimmen. Ruhig, aber doch patzig fragte ich ihn, was das denn für ein Quatsch sein soll. »Ahh, auch noch aggressiv«, sagte er und bescheinigte mir zusätzlich ein Kontrollproblem mit meinen Aggressionen. Lebensmüdigkeit und Aggressionen – damit könne man beim besten Willen kein verantwortungsvoller Autofahrer werden, so sein Urteil. Mir platzte der Kragen. Ich fuhr Herrn Dr. Dr. ziemlich heftig an und schleuderte ihm an den Kopf, dass ich seine Kompetenz mehr als zweifelhaft fände. Wie um Himmels willen kommt man in so kurzer Zeit zu so einer Diagnose? Wenn ich lebensmüde und aggressiv war, dann war er mindestens unseriös und inkompetent! Ich hatte mich doch nicht jahrelang abgestrampelt, um mir dann, wo endlich alles gut lief, mein Leben zu nehmen. Für wie blöde und einfallslos er mich denn halten würde, wollte ich wissen. Völlig verdutzt sah er mich an und erklärte das Gespräch für beendet. Ich aber weigerte mich zu gehen. Ich bestand darauf, einen weiteren Psychologen zu sprechen, besser gleich den Chef. Ich konnte mir doch meine Zukunft jetzt nicht von einem einzigen Blödmann verhageln lassen, dem es nur darum ging, seinen Doppeldoktor raushängen zu lassen. Ich kochte vor Wut, und Dr. Dr. hatte offensichtlich nicht mit einer solch heftigen Gegenwehr gerechnet. Mit hochrotem Kopf verließ er den Raum, kam nach ein paar Minuten mit einem Kollegen zurück, der mich wiederum in sein Büro mitnahm und den ganzen Quatsch noch einmal abfragte. Gegen 16 Uhr teilte er mir schließlich mit, er sehe keine Probleme, vermutlich hätte ich seinen Kollegen ein bisschen falsch verstanden. Er versuchte mich anzulächeln, was gründlich danebenging. Ich verstand gar nichts mehr, aber das war mir egal, Hauptsache, ich konnte nun meinen Führerschein machen.

Zwei Tage später machte ich meine erste Probefahrt. Franz Jakob, mein künftiger Fahrlehrer, baute mir einen Thron aus Polstern und Kissen und stopfte hier und dort noch ein Schaumstoffstück hinein, bis ich vernünftig aus dem Auto schauen konnte, und los ging die Fahrt. Was für ein traumhaftes Gefühl. Ich saß tatsächlich am Steuer und fuhr, als hätte ich in meinem Leben bisher nichts anderes getan.

Herr Jakob war überrascht von meinem Fahrtalent und meiner rasanten Fahrweise, oft genug musste er auf die Bremse treten. Franz Jakob gründete als einer der Ersten eine Fahrschule, die sich auf die Ausbildung von Behinderten spezialisierte, entsprechende Autos dafür zur Verfügung stellte und die eigenen Autos von behinderten Menschen umrüstete. Er war ein klasse Typ. Und er schaffte es, alle Minderwertigkeitskomplexe, an denen man vielleicht vor dem Fahrunterricht litt, mit seiner positiven Art beiseitezuwischen. Er verstand es, einem wirklich Mut zu machen, und setzte alles daran, möglichst viele Geräte zu entwickeln, um Menschen mit unterschiedlichen Behinderungen das selbständige Fahren eines Autos zu ermöglichen. Franz Jakob war es zeitlebens eine Herzenssache, dass Behinderte ihren Führerschein machen konnten, denn Autofahren bedeutete ein Stück mehr Unabhängigkeit und Mobilität. Es war ein gutes Gefühl, so einen Mitstreiter wie ihn an der Seite zu haben. Beim Autofahren gelten auch für uns dieselben Regeln, wenigstens hier kann man ein Stück Normalität erleben.

Schon nach ein paar Wochen hatte ich den Führerschein in der Tasche und kurze Zeit später stieg ich in mein erstes eigenes Auto. Keine gemeinen Taxifahrer, keine unpraktischen Fahrdienste, keine defekten Fahrstühle zur U-Bahn mehr, nie mehr bitten und betteln um Hilfe – herrlich! Seit über zwanzig Jahren fahre ich nun unfallfrei Auto und lebe immer noch, und das ausgesprochen gerne.

Mein Studentendasein genoss ich in vollen Zügen. Ich ging zu Vorlesungen, oder auch nicht. Je nachdem, wie lang der Abend in Gröbenzell war. Dort hielt ich mich ein paar Jahre lang regelmäßig auf, weil Franz dort wohnte und weil ich ihn immer noch anhimmelte und so viel Zeit wie möglich mit ihm verbringen wollte. Ich lernte seine Clique kennen und gehörte mehr oder weniger dazu. Die meisten waren Lebenskünstler, sie hatten mal einen Job, dann wieder keinen, andere studierten und hatten wie ich viel Zeit zum Rumhängen. Die wenigsten gingen einer geregelten Arbeit nach. Sie alle waren so wunderbar unkonventionell, und das gefiel mir. Die Sommer verbrachten wir am See, die Abende in der Stammkneipe. Der Kontakt zu meiner Familie wurde etwas besser, schon allein deshalb, weil ich meine Neffen vermisste und sie sehen wollte. Außerdem kümmerte sich Berna sehr darum, dass ich Kontakt zur Familie hielt. Auch das Verhältnis zwischen meinem Vater und mir entspannte sich zusehends. Nicht, dass wir uns ausgesprochen hätten, aber ich glaube, er war ziemlich stolz auf mich, dass ich eine solche Kämpferin war und mein Leben so gut im Griff hatte. Immer öfter besuchte ich nun meine Eltern und fühlte mich auch nicht mehr so eingeengt. Ich konnte gehen, wann ich wollte, und manchmal blieb ich auch über Nacht – sehr zur Freude meiner Mutter. Meine Eltern vertrauten mir, das spürte ich. Für dieses Vertrauen war ich ihnen sehr dankbar, denn ohne dies wäre ich ganz bestimmt nicht glücklich geworden.

Als ich nach einem Besuch bei meinen Eltern mit dem Auto wegfuhr, standen mein Vater und meine Mutter lange am Straßenrand und schauten mir stolz hinterher, wie ich ziemlich angeberisch mit meinem Auto davonbrauste. Das habe meinen Vater sehr beeindruckt, erzählte mir meine Mutter ein paar Jahre später. Er sagte, dass er sich nun um mich keine Sorgen mehr mache. Ich wisse sehr genau, was ich wolle und dass ich ein sehr starkes Mädchen sei. Wie gerne hätte ich diese Worte selbst gehört, denn mein Leben lang wünschte ich mir nichts sehnlicher, als von meinem Vater anerkannt zu werden. Trotz dieser Annäherung haben wir nie so richtig zueinandergefunden. Aber ich hatte das Gefühl, dass er meinen Weg respektierte, und das machte mir den Kontakt mit ihm sehr viel leichter. Wir haben unseren Frieden miteinander gemacht. Er mit mir und ich mit ihm. Wir beide haben verstanden, dass keiner für das Leben des anderen verantwortlich war. Ich habe verstanden, dass sie nur das Beste für mich wollten, auch wenn das bedeutete, dass sie mich abgeschoben und mich mir selbst überlassen hatten. Ich wollte all das ruhen lassen. Ich wollte nach vorne schauen. Ich fühlte mich endlich angenommen und respektiert.

Ihnen war klar, dass ich die türkische Kultur nur bedingt als meine eigene annehmen konnte. Ich beschloss die deutsche Staatsbürgerschaft zu beantragen. Immerhin studierte ich Politik und sollte nicht mitreden dürfen? Ich wollte wählen, ich wollte dieselben Rechte und Pflichte wie jeder Deutsche haben, denn hier war ich schließlich zu Hause. Ich rechnete wieder mit großem Ärger, mindestens aber mit Schwierigkeiten und war angenehm überrascht, dass man mir in diesem Fall mal keine Steine in den Weg legte. Berna beantragte zur selben Zeit die deutsche Staatsbürgerschaft. Ihre Mutter war skeptisch und wollte wissen, ob wir denn nun auch einen deutschen Namen tragen müssten. Sie hatte Angst, uns ganz zu verlieren.

Knapp ein Jahr später kam der Bescheid: Ich könne nun mein Dokument abholen. Auf einem Tisch des Einwohnermeldeamtes stand ein kleiner Blumentopf, in dem eine Mini-Deutschland- und eine Bayernfahne steckten. Feierlich überreichte mir der Beamte meine Einbürgerungsurkunde mitsamt der bayerischen Verfassung und begrüßte mich als neue Bürgerin der Bundesrepublik Deutschland. Während ich mich endlich angekommen sah in Deutschland, hatte Berna das Gefühl, ihre türkische Identität nun gänzlich verloren zu haben. Jedenfalls wollte sich bei ihr keine Freude über ihre neue Staatsbürgerschaft einstellen.

Meine freie Zeit verbrachte ich hauptsächlich mit Franz. Fast jeden Tag waren wir zusammen, hingen viel am See herum, gingen ins Kino oder machten lange Spaziergänge, so auch an dem Tag, als mein Vater unerwartet starb. Wochen zuvor hatte er einen Herzinfarkt erlitten, und wir waren alle in großer Sorge um ihn. Langsam erholte er sich wieder. Jeden Tag war einer von uns bei ihm im Krankenhaus. Aus allen Ecken Deutschlands kamen die Verwandten und Bekannten, um ihn zu sehen. Bei meinem letzten Besuch sah er einfach toll aus. Er strahlte über das ganze Gesicht, und man sah ihm nicht an, dass er wochenlang an Schläuchen gehangen hatte. Er rechnete fest damit, bald entlassen zu werden, und dann wollte er sofort in die Heimat fahren zur Erholung. Das Wetter war traumhaft schön, ein paar Freunde und ich hatten beschlossen, den Tag am See zu verbringen. Erst gegen zwei Uhr nachts kam ich nach Hause. Auf meinem Bett lag ein Zettel. »Dringend Berna zurückrufen«, stand darauf. Ein bisschen besorgt ging ich ins Bett, rief aber um diese Zeit nicht mehr bei Berna an. Um acht Uhr läutete wieder das Telefon. Es war Samstagmorgen und ich ziemlich sauer, so früh geweckt zu werden. Ich wollte schlafen und meine Ruhe haben, und entsprechend unfreundlich hob ich den Hörer ab. Unter Tränen und mit stockender Stimme sagte Berna, dass mein Vater gestorben sei. Sie würden nun alle in die Türkei zur Beerdigung fliegen, ob ich mitkommen wollte.

»Was war denn das für eine bescheuerte Frage?«, fauchte ich ins Telefon. Natürlich würde ich mitkommen.

Mein Vater hatte große Probleme mit dem Herzen und diverse Infarkte überlebt, jetzt war er an einem gestorben. Ich konnte nicht fassen, dass mein Vater nicht mehr am Leben war.

Am Flughafen warteten schon meine Mutter, meine Geschwister, Verwandte, Bekannte und einige gute Freunde meines Vaters. Alle waren sie gekommen, um mit uns nach Istanbul zu fliegen und meinem Vater die letzte Ehre zu erweisen. Ich war gerührt von so viel Anteilnahme. Manche kamen auch nur, um uns zu verabschieden.

Baykut musste mir zunächst einmal erklären, wie mein Vater eigentlich in die Türkei gekommen war. Zwei Tage zuvor hatte ich ihn doch noch in einem Krankenhaus in München besucht. Mein Vater hatte sich selbst aus der Klinik entlassen und war schnurstracks ins Reisebüro seines Bruders marschiert, um ein Flugticket in die Türkei zu lösen. Er ignorierte alle Warnungen der Ärzte. Meine Mutter flehte ihn an, ein paar Tage auszuspannen und dann mit ihr gemeinsam zu fliegen. Doch das lehnte er ab. Offensichtlich hatte er gespürt, dass er nur noch sehr wenig Zeit hatte. Er musste nach Hause. In Istanbul angekommen fuhr er weiter mit dem Bus nach Adapazarı und läutete an der Tür meines Bruders. Als Yalcin öffnete, sah ihn mein Vater nur kurz an, brach zusammen und war sofort tot. Keine Begrüßung, kein Wort – nichts.

Mein Vater wollte auf keinen Fall in Deutschland sterben – das hatte er sich erspart. Für meinen Bruder Yalcin jedoch war es ein Schock. Da sah er seinen Vater sein Leben lang nur einmal im Jahr, und nun kam sein Vater, um direkt in seinen Armen zu sterben. Wenn es irgendetwas Tröstliches am plötzlichen Tod meines Vaters gibt, dann dass er in seiner Heimat sterben konnte. Er war gerade einmal 56 Jahre alt geworden.

Einer türkischen Beerdigung hatte ich bis dahin noch nicht beigewohnt. Ich wusste nicht, wie die Zeremonie abläuft. Als wir ankamen, war die riesige Wohnung über und über voll mit Menschen.

Viele Familien waren von weit her angereist, auch die Nachbarn waren alle gekommen. Wäre der Anlass kein so trauriger gewesen, hätte ich mich über das Wiedersehen mit diesen lieben Menschen freuen können, denn seit meiner ersten Türkeireise vor sechs Jahren war ich nicht mehr dort.

Mit der Beerdigung hatte die Familie gewartet, bis wir aus Deutschland angereist waren. Was ich allerdings nicht wusste, war, dass mein Vater mitten im Wohnzimmer aufgebahrt worden war. Als ich ihn dort zufällig entdeckte, erschrak ich sehr. Viele Angehörige und Freunde blieben die ganze Nacht. Immer wieder brachten Nachbarn etwas zu essen vorbei und trösteten meine Mutter. Meine Geschwister und Cousins, die jungen Leute, verbrachten die Nacht auf der Dachterrasse unseres Hauses – schlafen wollte niemand. Große Sorgen machten wir uns um meine Schwester, die den Tod unseres Vaters so gar nicht akzeptieren konnte. Sie hing ganz besonders an ihm und war kaum ansprechbar vor Kummer. Am nächsten Morgen wurde mein Vater unter großer Anteilnahme von seinen Brüdern zu Grabe getragen. Das heißt, die Beerdigung selbst und das Gebet des Imams bekamen wir Frauen nicht mit – Frauen und Männer waren strikt getrennt. Als er beerdigt war, durften auch die Frauen ans Grab. Ich war nicht dabei, denn sein Grab liegt auf einem wunderschönen Hügel, der mit dem Rollstuhl beim besten Willen nicht zu erreichen war.

Meinen Vater habe ich nie ganz verstanden. Einerseits war er unglaublich charmant, witzig und beliebt bei den Menschen. Wer Kummer hatte und einen Rat brauchte, wandte sich an meinen Vater. Auf ihn konnten sie sich verlassen, das wussten sie. Auch in finanzieller Hinsicht. Lieber war bei uns das Geld knapp, als dass einer seiner Freunde überhaupt keines mehr hatte. Auf der anderen Seite aber war sehr streng, unnachgiebig und äußerst diszipliniert – vor allem mit meinen Brüdern ging er eine Spur zu hart um. Wir hatten einen unglaublichen Respekt vor ihm. Ich kann mich nicht erinnern, dass einer von uns ihm jemals widersprochen hätte.

Wir wussten nicht, wie es ohne meinen Vater weitergehen sollte. Mein Vater hatte die Geschicke der Familie gelenkt, er war das Familienoberhaupt. Und jetzt? Wer traf nun die Entscheidungen und hielt die Familie zusammen? Wem war meine Mutter anvertraut – meinen Brüdern, mir, meiner Schwester? Mein Bruder Aykut und meine Mutter lebten nun ohne meinen Vater in unserer Wohnung in München. Meine Mutter ging weiterhin arbeiten, sie war ja erst 48 Jahre alt, als sie Witwe wurde. Ich hatte mir fest vorgenommen, mich ab jetzt besonders intensiv um meine Mutter zu kümmern. Ihr jeden Behördenkram abzunehmen und dafür zu sorgen, dass sie zu ihrem Recht kam. Aber auch emotional wollte ich sie unterstützen, damit sie diesen schweren Verlust verarbeiten konnte, denn mir war klar, einen neuen Mann wird es an ihrer Seite nie wieder geben. Meine Mutter bedeckte nach dem Tod meines Vaters ihr Haar und trug fortan ein Kopftuch. Niemand verlangte es von ihr. Sie entschied sich freiwillig dafür, denn ihr Glaube gab ihr Halt und das Kopftuch war das Symbol dafür. Es war ungewohnt für mich, meine hübsche, moderne Mutter nun mit Kopftuch zu sehen. Aber ich hatte zu keiner Zeit irgendein Problem damit, denn meine Mutter blieb dieselbe tolerante und offene Frau, die sie war, und mutierte deshalb nicht zu einer Islamistin. Das Kopftuch war nun ein Teil von ihr. Ich respektierte das.

Dass mich der Tod meines Vaters so tief berührte, hatte ich nicht erwartet. Ohne Vater dazustehen, war ein ganz seltsames Gefühl, ich fühlte mich mit meinen 26 Jahren einfach zu jung für eine Halbwaise. Er fehlte mir sehr. Mein Vater und ich waren auf einem guten Weg der Annäherung, aber sein früher Tod machte alles zunichte. Meine Mutter tat mir so unendlich leid, wie würde sie nur mit dem Verlust fertig werden? Doch scheinbar kannte ich meine Mutter nicht. Sie war kein kleines Weibchen – im Gegenteil. Sie hatte eine unglaubliche Kraft und ließ sich nicht unterkriegen. Sie arbeitete weiter und ließ sich nie gehen. Das Leben musste weitergehen, auch wenn es jetzt ein anderes war.

Ausgerechnet Journalismus

Das Bayerische Fernsehen war auf der Suche nach Teilnehmern für seine legendäre Jugendsendung »Live aus dem Schlachthof«. Um den Alltag und das Leben von Behinderten und um Vorurteile gegen Behinderte sollte es in der Sendung gehen. Eine Freundin hatte mich gefragt, ob ich Lust hätte, mitzumachen. Lust hatte ich keine, ging aber auf ihr Drängen mit zu einer Vorbesprechung, um zu erfahren, was genau diskutiert werden sollte. Immerhin war mein Vater gerade verstorben, und ich wusste nicht, ob das bei meiner Familie und den Freunden so gut ankam, wenn ich nun in einer Talksendung saß. Doch ganz offensichtlich entsprach ich dem gewünschten Profil der Redaktion und mir gefiel die Idee, so dass ich kurzerhand zusagte. Um die Diskussionen quasi zu unterfüttern, wurden vorab Einspieler gedreht, die den Alltag eines Rollstuhlfahrers zeigten. Werner Schmidbauer, der Moderator der Sendung, setzte sich dafür selbst in einen Rollstuhl. Das begeisterte mich, und weil die Chemie zwischen der Redaktion und mir von Anfang an perfekt war, fragte ich vorsichtig an, ob ich vielleicht ein Praktikum machen könnte, das ich für mein Studium brauchte. Diese kleine Frage zu stellen, kostete mich viel Überwindung, aber ich musste diese Chance nutzen.

Neben Journalistin wäre ich sehr gerne Anwältin oder Schauspielerin geworden. Dass diese Berufe allesamt für mich nicht wirklich in Frage kamen, wusste ich natürlich. Jetzt allerdings hatte ich eine leise Hoffnung, dass Journalismus vielleicht doch nicht ganz so abwegig war, jedenfalls traute ich mir all das, was ich rund um die Sendung gesehen hatte, durchaus zu. Micha, die Autorin der Sendung, bestärkte mich darin, und die Redakteurin Sonja meinte nur: »Wennst meinst, dann probierst es halt mal.« Mit Sicherheit wäre ich heute nicht da, wo ich jetzt bin, wenn ich Sonja nicht getroffen hätte. Sie ging so normal und unkompliziert mit mir um, ließ mich machen und gab mir später eine enorme berufliche Starthilfe. Endlich mal jemand, der es nicht schon vorher besser wusste als ich.

Das Vordiplom hatte ich in der Tasche, was mich reichlich Nerven gekostet hatte. An meinem Lernstil hatte sich nicht viel geändert. Wieder saß ich nächtelang vor den Büchern und erledigte alles auf den letzten Drücker. Meine Euphorie hatte nachgelassen, weil das Studium vor allem mit Stress verbunden war. Nie wusste ich, ob ich eine Vorlesung besuchen konnte oder nicht. Das hing oftmals davon ab, wie hilfsbereit meine Kommilitonen waren und ob sie mich die Treppen hochhievten in den Hörsaal. Oft genug kam es vor, dass ich an der Treppe stand und alle an mir vorbeiliefen – entweder weil sie zu spät dran waren, es alleine nicht schafften oder »etwas am Rücken« hatten. Die meisten aber hatten es definitiv an den Ohren, weil sie schlicht weghörten, wenn ich sie um Hilfe bat.

Jetzt hatte ich neue Perspektive. Ich wollte Journalistin werden. Ich spürte, dass sich etwas veränderte in meinem Leben, und zwar zum Besseren hin. Meine Antennen für Veränderungen, die in der Luft liegen, sind sehr fein. So war mir auch klar, dass mit meinem

Freund Franz eine Veränderung anstand. Eines Morgens, der Abend zuvor in der Kneipe war mal wieder sehr lang gewesen, wusste ich plötzlich, dass die Zeit dieser Freundschaft nun vorbei war. Wir würden zwar immer irgendwie in Verbindung stehen, aber diese Nähe würden wir nie wieder haben. Für uns beide brach ein neues Leben an. Er fuhr zu seiner neuen Freundin, ich hatte Pläne, die ich zielstrebig verfolgen wollte. Die Trennung fiel mir erstaunlich leicht, weil sie so natürlich war. Ich spürte fast keine Traurigkeit in mir, sondern war dankbar für diese Freundschaft, die nun eine andere Qualität bekommen würde. Jetzt, wo wir beide getrennte Wege gingen, gab es auch keinen Grund mehr für mich, die anderen Freunde der Clique regelmäßig zu treffen. Sie vermissten mich nicht und ich kam gut ohne sie zurecht. Manchen aus der Clique war ich zu spießig geworden. Dass ich ausgerechnet Journalistin werden wollte, war für manche von ihnen sogar der Gipfel an Biederkeit.

Um das Praktikum beim Bayerischen Fernsehen machen zu können, musste ich den offiziellen Weg gehen und mich bewerben. Ich rechnete mir wenig Chancen aus, hatte aber Glück und konnte mein Praktikum dort beginnen. Schon ein paar Wochen später saß ich in der Redaktion der Jugendsendung »Live aus dem Schlachthof« und übernahm kleinere Recherchearbeiten, telefonierte, suchte nach geeigneten Kandidaten für die Sendung, schaute den Redakteuren bei der Arbeit zu und fand das alles superspannend, äußerst erstrebenswert und gar nicht mehr so utopisch. Dass ich keine rasende Reporterin werden könnte, die irgendwelchen Politikern hinterherrennt oder aus Krisengebieten berichtet, war mir schon klar, aber für Talksendungen oder Magazine konnte ich wunderbar arbeiten, auch mit meinem Rollstuhl.

Meine Berufspläne stießen auf geteiltes Echo. Die meisten hatten für diese Idee nur ein müdes Lächeln übrig, einige fanden mich geradezu größenwahnsinnig und hofften darauf, dass ich bald wieder zur Vernunft käme. Andere versuchten es mir regelrecht auszureden und erklärten, dass ein solcher Job mit dem Rollstuhl einfach nicht zu machen sei. Woher wussten sie das nur? Waren das alles Journalisten um mich herum? Mich ärgerten diese Reaktionen, ich plante schließlich keine Reise auf den Mars, ich wollte einfach nur einen völlig normalen Beruf ergreifen. Zum Glück gab es aber auch Leute, die mich ermunterten, es auf jeden Fall zu versuchen.

Ich wollte das Journalistenhandwerk von Grund auf lernen, und wo konnte das besser gehen als auf einer Journalistenschule? Als ich die Aufnahmekriterien studierte, war mir klar, diese Sache ist ein paar Nummern zu groß für mich. Über 1000 Bewerber auf 45 Ausbildungsplätze. Meine geringen Chancen konnte ich mir, trotz meiner Matheschwäche, ausrechnen. Wochenlang überlegte ich, was ich tun sollte. Sollte ich mich trauen oder doch besser die Finger davon lassen? Schließlich ließ ich mir die Unterlagen schicken, was hatte ich denn schon zu verlieren? Vielleicht flog ich ja gleich in der ersten Runde raus – dann hätte ich es wenigstens versucht. Ohne Plan B, für den Fall, dass ich scheiterte – und davon musste ich ausgehen –, wollte ich mich nicht bewerben, denn wenn ich für eine Sache brannte, glühte auch die Enttäuschung hartnäckig in mir nach, und entsprechend lange war ich am Boden zerstört, und das wollte ich tunlichst vermeiden. Aber sosehr ich mich auch bemühte, mir fiel einfach kein Plan B ein. Also konzentrierte ich mich auf meine Bewerbung, das Risiko, dass ich scheitern könnte, musste ich ohne Alternativplan eingehen.

Ein paar Tage später hielt ich die Bewerbungsunterlagen in den Händen. Ich sollte aus drei Reportagethemen eines auswählen. Ich entschied mich für das Thema Blutspende. Damals machten verseuchte Blutkonserven, die mit dem AIDS-Virus infiziert waren, große Schlagzeilen. Das Thema war der totale Aufreger und schien mir daher ideal. Die beste Herangehensweise an eine solche Reportage wäre, selbst Blut zu spenden und anhand der eigenen Erfahrung dann das Thema aufzurollen. In den nächsten Tagen vergrub ich mich im Archiv des Bayerischen Rundfunks. Ich telefonierte mit Blutspendediensten, mit dem Gesundheitsministerium, ich sprach mit einer Betroffenen, die kürzlich eine Blutspende während einer OP erhalten hatte und die nun in großer Sorge war, sich durch eine Blutkonserve mit AIDS infiziert zu haben. Ich hatte einen Berg an Informationen zusammengetragen. Es schien mir geradezu unmöglich, diese tausend verschiedenen Aspekte zu einer Reportage zu verarbeiten. Ich hatte mich total verzettelt und kehrte schließlich zu meiner eigentlichen Idee zurück, selbst erst einmal Blut zu spenden. An einem Freitag um die Mittagszeit war ich fällig. Ich war kein Freund von Spritzen, aber was tut man nicht alles für seine Zukunft, dachte ich mir. Ich hatte mich für eine Blutplasmaspende entschieden. Diese Art der Spende war viel aufwendiger als eine Vollblutspende und dauerte rund sechzig Minuten. So hatte ich genug Zeit, meine Eindrücke aufzuschreiben. Anders als bei der Vollblutspende wird aus dem Blut des Spenders das Blutplasma gewonnen, das mit Hilfe einer Zentrifuge von anderen Bestandteilen des Bluts getrennt wird. Anschließend werden dem Spender die Blutzellen inklusive der wichtigen roten Blutkörperchen mit einer Kochsalzlösung wieder zugeführt.

Als ich beim Blutspendedienst ankam, sah mich der Arzt irritiert an. Ich käme für eine Blutspende nicht in Frage, weil ich viel zu leicht sei und er ein Kollabieren nicht verantworten könne. Als ich ihm meine Notlage erklärt hatte, nickte er zwar verständnisvoll, blieb aber stur. Auch meine Drohung, er sei schuld, wenn meine Zukunft den Bach runterging und ich meines Lebens nicht mehr froh würde, beeindruckte ihn nicht. Ich musste also einen anderen geeigneten Spender finden, und zwar schnell. Um 15 Uhr stand ich wieder auf der Matte. Mir war es gelungen, einen Freund zur Blutspende zu überreden. Während er an der Maschine hing, löcherte ich ihn mit Fragen. Er hatte ähnlich wie ich eine panische Angst vor Spritzen und ließ sich nur mir zuliebe malträtieren.

Ich hatte jedenfalls meine Infos und konnte mich beruhigt ans Schreiben machen. Meine Mitbewohner hatten es an diesem Wochenende nicht leicht, alle mussten lesen und akribisch nach Fehlern im Text suchen. Alle Daumen lang hatte ich einen Nervenzusammenbruch, war kurz davor, alles hinzuwerfen. Meine Mitbewohner hatten die Order, mich zum Weiterarbeiten zu zwingen, falls ich aufgeben wollte. Sonntagabend war das Werk dann endlich vollbracht, jetzt musste es noch zur Hauptpoststelle gebracht werden, damit es am nächsten Tag zugestellt werden konnte. Pünktlich um 18 Uhr warf ich meine Arbeit in den Postkasten. Von da an hieß es: warten, warten, warten.

Glücklicherweise kam während der Wartephase ein Umzug dazwischen. Ich hatte endlich eine Wohnung für mich ganz alleine gemietet. Ich war aufgeregt. Meine ewige Umzieherei war schon fast krankhaft. Alle zwei bis drei Jahre packte ich meine Habseligkeiten zusammen und suchte mir ein neues Zuhause. In meiner jetzigen Wohnung lebe ich schon sechs Jahre – ein Rekord. Trotzdem habe ich das Gefühl, noch immer nicht angekommen zu sein und das Richtige noch nicht gefunden zu haben. Diesmal war es aber gut, dass ich durch den Umzug abgelenkt war und so nicht ständig an die Journalistenschule denken musste. Ich ging weiter brav studieren und wartete auf Post. Und dann kam er endlich, der heißersehnte Brief! Ich hatte es geschafft, ich war in der nächsten Auswahlrunde. Jetzt hieß es Nachrichten gucken und Zeitungen lesen bis zum Umfallen. Ich schnitt Bilder bedeutender nationaler und internationaler Politiker, Schauspieler und Sportler aus den Zeitungen aus, tapezierte meine Wände damit und lernte ihre Biografien auswendig. Ich informierte mich über alle aktuellen Ereignisse, nichts durfte mir entgehen. Ich schleppte tonnenweise Zeitungen und Zeitschriften an, denn ein Teil der weiteren Prüfung bestand darin, Personen und Dinge auf Bildern zu erkennen, sie zuzuordnen und über sie Bescheid zu wissen. Ein anderer Teil der Aufnahmeprüfung waren etwa sechzig Fragen aus Politik, Gesellschaft und der Welt, die man ebenfalls unter Zeitdruck beantworten musste.

Während meiner Vorbereitungsphase, ich machte gerade ein Minipraktikum beim Hörfunk des Bayerischen Rundfunks, tapste ich, das Licht war gerade ausgegangen, in der Tiefgarage des Hörfunkgebäudes zu meinem Auto, als plötzlich eine Stimme aus dem Dunkeln sagte: »Frau Soyhan, ich habe Ihre Reportage für die Journalistenschule gelesen.« Erschrocken zuckte ich zusammen, antwortete aber selbstbewusst in die Dunkelheit hinein: »Und, wie hat sie Ihnen gefallen?« »Sehr gut, von mir bekommen Sie die volle Punktzahl.« Dann endlich ging das Licht an und ich erkannte den Ausbildungsleiter des Bayerischen Rundfunks. Er wünschte mir Erfolg, stieg in sein Auto und fuhr davon. Das Licht ging wieder aus, ich stand vor meinem Auto und dachte nur: »Wow, der große Dr. Maaren hat dir, der kleinen unbedeutenden Zuhal, die volle Punktzahl für deine Reportage gegeben.« Ich war verwirrt und stolz zugleich und dachte mir, dass mir diese Geschichte kein Mensch abnimmt, und so erzählte ich sie nur Berna. Berna und ich hatten einen so guten Draht zueinander, ihr konnte ich alles, aber wirklich alles erzählen, ohne dass sie sich langweilte.

Am Tag der Aufnahmeprüfung herrschte ein hektisches, nervöses Treiben. Meine Mitbewerber waren glücklicherweise genauso aufgeregt wie ich. Neben mir saß Peter, ihn kannte ich schon von meinem Minipraktikum. Er war ziemlich gelassen, grinste nur und meinte, Qualität wird sich durchsetzen. »Mach dir also keine Sorgen!« Na ja, dachte ich, wenn ich mich so umsah, wusste ich nicht, wo meine Qualitäten lagen. In den Pausen bekam ich mit, was die Einzelnen schon so alles gearbeitet oder geschafft hatten. Ich war nie Chefredakteurin einer Schülerzeitung, nicht ein Wort hatte ich bis dahin veröffentlicht. Ich jobbte auch bei keiner Zeitung. Das Einzige, was mich hier ›qualifizierte‹, waren mein Wille und die beiden kurzen Praktika, die ich vorzuweisen hatte. Mit jeder Minute, die ich um die Aufnahme kämpfte, schwand meine Hoffnung auf einen der heißbegehrten Ausbildungsplätze immer mehr.

Der Aufnahmemarathon ging über zwei Tage. Die letzte Station war die mündliche Prüfung vor einer hochkarätig besetzten Aufnahmekommission, die aus renommierten Journalisten von Funk, Fernsehen und Printmedien zusammengesetzt war. Zu dritt saßen wir vor den Journalisten und wurden der Reihe nach befragt. Meine Mitbewerber waren einfach zu gut. Souverän beantworteten sie die Fragen, scherzten und gaben sich extrem locker. Dann war ich an der Reihe. Ich wusste, ich würde mich nun so blamieren, dass alle Anwesenden für den Rest ihres Lebens eine Geschichte zum Thema Fremdschämen erzählen könnten – mein Auftritt würde ihnen unvergessen bleiben. Und überhaupt: Wer würde mich schon einstellen, und war ich diesem Beruf wirklich gewachsen? Was kann eine wie ich, die vom ›normalen‹ Leben keine Ahnung hatte, schon groß berichten. Hatte ich genug Verständnis für Dinge, die ich selbst nie erfahren habe oder auch nie erfahren würde, weil ich allein schon körperlich dazu nicht imstande war? Ich sah mich nun doch an einer Pforte des Kreisverwaltungsamtes hocken oder auf dem Weihnachtsmarkt meine Seidentücher verkaufen. Aus irgendeinem Grund blieb ich aber trotzdem und stellte mich den Aufgaben. Mein Stolz hätte ein Kneifen nic zugelassen.

Ich sollte vor der Kommission erklären, warum ausgerechnet ich Journalistin werden wollte. Ich sollte mich zu politischen Dingen wie der Kurdenproblematik äußern. Dann passierte etwas sehr Merkwürdiges mit mir. Während ich so dasaß und auf die Fragen antwortete, schossen mir auf einmal derart starke Schmerzen in den Kopf, dass ich kurzzeitig das Gefühl hatte, gleich umzukippen. Ich hatte das Gefühl, neben mir zu sitzen und mir beim Sprechen zuzusehen. Ich sah, wie die Journalisten freundlich nickten, und kam erst wieder zu mir, als mir jemand gratulierte, denn ich hatte an diesem Tag Geburtstag. Keine Ahnung, was mit mir passiert war, aber hinterher konnte ich mich nicht mehr an das Gespräch erinnern. Nach der Frage mit der Kurdenproblematik kam das Blackout. Ich habe keine Ahnung, ob es gut war, was ich erzählt habe – ich war praktisch nicht dabei. Im Übrigen waren die Kopfschmerzen mit dem Ende der Prüfung schlagartig auch wieder vorbei. Absolut gespenstisch.

Als ich nach Hause kam, hatte ich zahlreiche Anrufe auf meinem Anrufbeantworter. Die größten Skeptiker rief ich sofort zurück, um ihnen mitzuteilen, dass ich einen fürchterlichen Blackout hatte und alles schiefgegangen war. Wenigstens hast du's probiert, so die aufmunternden Worte. Was für ein unerträglicher Trost. Ich hatte die Journalistenschule jedenfalls schon abgehakt, und die Euphorie über meine beruflichen Perspektiven verflog im Nu. Hatte ich mich zum Gespött gemacht? Ich war bitter enttäuscht.

Drei Wochen später hielt ich endlich den Brief der Journalistenschule in den Händen. Ich scheute mich, ihn zu öffnen. Würden sie mir in freundlichen Worten mitteilen, dass ich es leider nicht geschafft hatte? Ich versteckte ihn abwechselnd im Schrank und unter einem Stapel Zeitungen, um ihn nicht zu sehen, hielt ihn ein paar Minuten später gegen das Licht, vielleicht konnte ich ja so etwas wie ein »Es tut uns leid« erkennen. Ich rief Berna an, aber sie war nicht da. Sollte ich ihn öffnen oder lieber gleich wegwerfen? Ich telefonierte mit meiner Schwester, die mir riet, ich solle mich nicht so anstellen und den Brief jetzt öffnen und dieser Spannung endlich ein Ende machen. Sie blieb am Telefon, während ich den Brief öffnete. Ich traute meinen Augen nicht, aber ich hatte es wirklich geschafft! Ich hatte einen Ausbildungsplatz. Und das ausgerechnet an der Schule, die Größen wie Günther Jauch oder Sandra Maischberger hervorgebracht hatte. Natürlich war mir klar, dass aus mir jetzt nicht automatisch ein solches journalistisches Kaliber werden würde, aber erst einmal hatte ich einen Platz ergattert, und das war das Wichtigste.

Mein erster Einsatz

Die einzige Sorge, die die Schulleitung hatte, war, ob ich die Treppen am Eingang hochkäme und mit dem Rollstuhl problemlos die Toiletten würde benutzen können. Ich fuhr zur Schule, um das Gebäude zu inspizieren. Die Treppen ins Haus waren ein großes Problem, der Aufzug und die Toiletten nicht. Was tun? Konnte ich erwarten, dass mich meine Kommilitonen jeden Tag hoch- und wieder herunterschleppten? Und wer käme für einen Schaden auf, wenn mir dabei etwas passieren würde? Ich machte mir Sorgen, ob mir die ganzen technischen Unwägbarkeiten noch zum Verhängnis werden könnten. Schlimm war meine Behinderung ja nicht, damit konnte man wirklich gut leben, sie war und ist nur manchmal derartig unpraktisch, dass man richtig verzweifeln könnte. Und gegen Treppen bin ich heute noch machtlos.

Die Schulleitung setzte auf meine Kommilitonen, die mir tatsächlich jeden Tag bei den Stufen halfen, und so wurden alle Bedenken ausgeräumt und ich konnte mit meiner Ausbildung beginnen. Schon der erste Schultag war grandios. Ich fühlte mich sofort angenommen – ich gehörte einfach dazu. Noch nie hatte ich mich an einer Schule so wohl gefühlt wie an der Deutschen Journalistenschule. Die Kommilitonen waren großartig und die Dozenten ebenso, nicht nur, weil sie mir, wo es nötig war, halfen. Ich wollte genau wie sie Journalistin werden, und keiner gab mir das Gefühl, dass ich das nicht schaffen könnte. Wir waren von der Prominenz, die in der Schule ein- und ausging, schwer beeindruckt. Günther Jauch dozierte über Interviewführung und lobte mich für meine klugen Fragen. Auch die Übungen vor der Kamera machte ich mit. Sabine Sauer, ebenso Dozentin, bestand darauf, dass auch ich mich vor der Kamera präsentierte. Wenngleich dieses Betätigungsfeld ganz bestimmt für mich nicht in Frage kam, ich fühlte mich wie im Wunderland und hatte Angst, ich könnte all das vielleicht nur träumen.

Zweimal drei Monate Praktikum standen an. Das erste machte ich bei der Süddeutschen Zeitung, das zweite wieder beim Hörfunk und Fernsehen des Bayerischen Rundfunks. Meine erste Redaktion war der Familienfunk. In den morgendlichen Redaktionssitzungen wurden Aufträge und Themen verteilt, besprochen und entwickelt. Ich war noch keine zehn Tage in der Redaktion, da sollte ein solcher Auftrag auch an mich ergehen – endlich! Ich brannte darauf, zu zeigen, was ich draufhatte. Die Tage zuvor war ich bei sämtlichen Produktionsabläufen dabei, jetzt sollte ich meinen ersten Hörfunkbeitrag machen. Eine Pressekonferenz, so die Redakteurin, sei doch eine prima Sache, die aktuelle Berichterstattung einmal zu üben.

Auch wenn ich keine Ahnung hatte, wie eine Pressekonferenz abläuft, ich fühlte mich wie die größte Journalistin überhaupt. Ich blickte in die Runde und war mir sicher, dass alle schwer beeindruckt waren, dass ausgerechnet ich diesen Auftrag ergatterte. Dass die meistens PKs allerdings das Langweiligste und Ödeste überhaupt waren und dass die Berichterstattung darüber mit Vorliebe an Hospitanten vergeben wurde, wusste ich damals noch nicht. Ich war stolz wie Oskar, studierte mit Begeisterung die Unterlagen, die mir die Redakteurin gab, beschaffte mir Infos zum Thema und überlegte, was ich diesen Funktionär, der da eingeladen hatte, alles fragen wollte. An das genaue Thema erinnere ich mich – vermutlich aus tiefenpsychologischen Gründen – nicht mehr. Irgendetwas zum Thema Arbeit, zu dem die Gewerkschaft der IG Metall in den Münchener Osten einlud. Ich bereitete mich vor und sprach am Nachmittag mit der Redakteurin über mein Konzept. Sie gab mir noch einige wertvolle Tipps und einen Schein, mit dem ich mir ein Aufnahmegerät ausleihen konnte. Also ging ich in die Geräteausgabe im Erdgeschoss. Da niemand kam, musste ich mir Gehör verschaffen, weil man mich hinter dem Tresen nicht sah. Der nette Kollege beugte sich über den Tresen – ah, da unten sind Sie –, wuchtete ein riesengroßes Aufnahmegerät aus dem Regal und sah gleich selbst ein, dass dieses Teil doch etwas zu groß und zu schwer für mich war. Das kompaktere Gerät, das er daraufhin heraussuchte, war zwar immer noch ganz schön wuchtig, dafür aber deutlich leichter. Er erklärte mir den Rekorder, ich quittierte professionell die Aushändigung und versprach mich an den Abgabetermin zu halten, hängte mir das Monstrum, das mich fast aus dem Rollstuhl zog, um und fuhr nach Hause.

Am nächsten Morgen stand ich bereits um sechs Uhr auf der Matte, für mich als Langschläferin eine echte Qual. Ich wollte auf keinen Fall zu spät zu meinem ersten Einsatz kommen und meine Rolle als rasende Reporterin direkt vergeigen und verließ daher kurz vor acht Uhr meine Wohnung. Um halb elf sollte das Spektakel schon beginnen und ich musste schließlich quer durch die ganze Stadt zum Veranstaltungsort fahren.

Tausend Fragen gingen mir während der Fahrt durch den Kopf: Gab es wohl einen Lift? Und wenn nicht, wie würde ich die Stufen hochkommen? Was, wenn der nette Kollege mir ein halbleeres Aufnahmegerät gegeben hatte, ohne vorher die Batterien zu prüfen? Und vor allem machte ich mir Sorgen, dass ich vielleicht inhaltlich nicht verstehen würde, worüber geredet wird.

Keine zwanzig Minuten später fuhr ich auf den Parkplatz des Gebäudes. Na prima, genau zwei Stunden zu früh. Ich scannte gleich das Gebäude ab und entdeckte nur eine winzige Stufe, die ich sogar ohne fremde Hilfe erklimmen könnte. Doch dann erblickte ich die Drehtür – der Albtraum eines jeden Rollifahrers. Ich traute mich aber nicht, aus meinem Auto auszusteigen, um die Lage schon einmal zu sondieren. Mein Puls erhöhte sich bei dem Gedanken, vielleicht mit leeren Händen zurück in die Redaktion kommen zu müssen. Was sollte ich dort zu meiner Entschuldigung vorbringen? »Sorry, da waren so viele Stufen und eine Drehtür, ich bin nicht ins Haus gekommen«? Das wäre nicht nur die totale Blamage, damit würde ich all jene Skeptiker bestätigen, die mir ständig in den Ohren lagen, ob Journalismus im Rollstuhl überhaupt möglich sei und ob ich mir da nicht doch zu viel vornehmen würde.

Da saß ich nun und hatte immer noch volle zwei Stunden zu warten. Ich kramte meine Unterlagen hervor und las sie weitere Male durch, bis ich sie beinahe auswendig sprechen konnte. Dann sah ich schon die ersten Kollegen; es mussten Kollegen sein, sie trugen ähnliche Aufnahmegeräte wie ich. Auch ein Kamerateam ging ins Haus, und so machte auch ich mich daran, aus dem Auto zu steigen, rutschte auf den Beifahrersitz, öffnete die Autotür, zerrte am Rollstuhl, der hinter dem Beifahrersitz verstaut war, rollte ihn nach draußen, klappte ihn auseinander, setzte mich hinein, hängte mir das schwere Aufnahmegerät über die Schulter und klemmte meine Tasche zwischen die Beine. Aus dem Augenwinkel sah ich, dass ich bereits beobachtet wurde. Ich habe Antennen dafür. Ich spüre sofort, wenn mich jemand anstarrt. Ich setzte den selbstbewusstesten Blick, den ich an diesem Morgen in mein Gesicht zaubern konnte, auf und rollte durch eine Nebentür ins Haus. Die Pressekonferenz fand glücklicherweise im Erdgeschoss statt, einen Lift hätte es nämlich nicht gegeben.

Die Kollegen standen herum, man schien sich zu kennen. Sie lachten, tratschten und guckten fragend oder irritiert auf mich hinunter. Schließlich wurden wir vom Pressesprecher begrüßt, der uns in den Saal führte, in dem U-förmige Tische standen. Ich rollte an den Tisch und beobachtete genau, wie sich die Kollegen nun verhielten. Die ersten griffen nach den Thermoskannen, die verteilt auf den Tischen standen. Mist, meine Arme waren definitiv zu kurz, um an die leckeren Brötchen und Kekse zu gelangen, die man da für die Journalisten vorbereitet hatte. Hätte ich mich bedienen wollen, hätte ich mich halb auf den Tisch legen müssen, und das hätte gewiss ganz klasse ausgesehen. Ich schminkte mir den Kaffee also ab, obwohl ich nichts lieber als eine heiße Tasse Kaffee gehabt hätte. Schließlich hatte ich schon zwei Stunden im Auto gesessen und, um ja nicht zu spät zu kommen, auf meinen Morgenkaffee verzichtet.

Ein Mann neben mir bot mir endlich eine Tasse an und ich antwortete cool, wenigstens dachte ich, es wäre cool: »Na, wenn Sie mich schon so freundlich einladen.« »Das kann ich ja gut machen, ist ja nicht mein Kaffee, also wollen Sie?«, sagte er genauso cool. Ich nickte wie ein kleines Kind und er goss ein. Ich erklärte mir seine schnippische Art damit, dass dieser junge Mann eine wahnsinnige Angst vor Konkurrenz haben musste, und diese Konkurrenz saß unmittelbar neben ihm, nämlich ich!

Vermutlich spürte er, mehr als mir lieb war, meine ungeheure Nervosität und ahnte bestimmt, dass ich nur eine Hospitantin war, die hier ihre erste Übungsaufgabe absolvierte. Ich wurde knallrot, versuchte mich hinter meiner Tasse zu verstecken, nippte am Kaffee und hatte das Gefühl, mich unrechtmäßig bedient zu haben, denn ich war ja in Wahrheit noch gar keine Journalistin. Ich hatte das Gefühl, alle im Saal sahen mir das auch an. Ich fühlte mich schrecklich und beobachtet.

Als sich alle mit Kaffee, Keksen und Brötchen versorgt hatten, kramten die Journalisten ihre Blöcke aus den Taschen, stellten ihre Aufnahmegeräte auf den Tisch und blätterten in der Pressemappe.

Ich tat es ihnen gleich. Wie erwartet verstand ich von den einleitenden Worten nur Bahnhof. Um mich herum wurde geschrieben, genickt oder extrem konzentriert zugehört. Ich kritzelte ebenfalls irgendetwas auf meinen Block. Der Bildungsprotz neben mir markerte Geschriebenes in verschiedenen Farben, das kam sogar mir mehr als übertrieben vor. Im Übrigen hatte er seine Tasche zwischen uns gestellt, damit ich ja nicht abschreiben konnte. Vermutlich war er in der Schule immer der Außenseiter gewesen, hatte niemanden je abschreiben lassen und hatte die Mitschüler beim kleinsten Vergehen angeschwärzt. Ich dachte mich so in Rage über diesen Unsymphathen, dass ich kurzzeitig vergaß, wo ich war.

Gefühlte drei Stunden saßen wir da, und am Gesichtsausdruck mancher Kollegen sah ich, dass auch sie geistig schon längst aus diesem Vortrag ausgestiegen waren. Plötzlich packte der Primus neben mir seine Sachen, weil er wusste, dass keine zwei Sekunden später die Journalisten die Möglichkeit bekommen würden, im Nebenraum ihre Fragen nun direkt zu stellen, und er wollte natürlich ganz vorne stehen und der Erste sein. Als sich alle um den Funktionär geschart hatten, war mir klar, dass ich aus meinem Rollstuhl in Gesäßhöhe der Reporter keine Chance haben werde, auch nur eine einzige Frage zu stellen, da könnte ich tausendmal sagen: »Entschuldigen Sie bitte, darf ich mal. Könnten Sie bitte kurz zur Seite ...« Natürlich würden sie nicht zur Seite gehen, um mir Platz zu machen, schließlich wollte jeder einen O-Ton ergattern und seine klugen Fragen an den Mann bringen. Es ging alles durcheinander, jeder fragte wild drauflos, ohne den guten Mann aussprechen zu lassen. Für mich das reinste Chaos. Was konnte ich tun? Ohne ein Statement von diesem allem Anschein nach furchtbar wichtigen Typen war mein Beitrag nicht zu machen, also musste ich sehen, wie ich an ihn rankommen konnte. Ich rollte auf den Pressesprecher zu, der gleich versuchte, vor mir zu flüchten, was ihm aber nicht gelang. Ich erklärte ihm meine Situation. Erst wollte er mir gar nicht zuhören, als er aber mein Mikro mit dem BR-Logo sah, wurde er schlagartig – bis zur Unerträglichkeit – freundlich und versprach mir eine Privataudienz. Schweißgebadet und knallrot stellte ich ein paar Minuten später mit zitternder Stimme meine Fragen, die mein Gesprächspartner höflich und ausführlich beantwortete. Nach einer Viertelstunde war das Gespräch beendet und ich blieb alleine im Raum zurück. Als ich mich wieder gefangen hatte, vermochte ich gar nicht zu beurteilen, ob das gerade ein tolles Interview war oder nicht, ob ich mit seinen Antworten überhaupt etwas anfangen konnte.

Mit gemischten Gefühlen ging es zurück in die Redaktion. Dort hörte ich mir mein Werk noch einmal in Ruhe an und war entsetzt. Er hatte meine konkreten Fragen nur sehr schwammig beantwortet und stattdessen von Dingen erzählt, von denen ich überhaupt keine Ahnung hatte. Ich war hineingetappt in die große Falle des »Nicht-genau-Hinhörens« und hatte mir das Heft aus der Hand nehmen lassen. Er war Medienprofi und ich tapste völlig planlos im Tal der Ahnungslosen umher. Meine erste Berichterstattung ging gänzlich daneben. Mehr noch: Sie war ein einziger Flop. Zunächst war ich stinksauer auf die Leute von der Redaktion, dass sie mich so völlig blauäugig und ohne eine vernünftige Vorbereitung in diese Veranstaltung geschickt hatten. Anderseits war das ein prima Lehrstück. Ich musste mich beim nächsten Mal noch besser vorbereiten, meine Fragen präziser stellen und genau hinhören. Vor allem aber lernte ich, mich vor solchen Veranstaltungen genau nach baulichen Barrieren zu erkundigen. Wann immer ich einen Termin außerhalb hatte, rief ich bei dem Veranstalter an und ließ mir den Eingang genau beschreiben. Einen solchen Stress wie bei meiner ersten Pressekonferenz wollte ich nie wieder erleben, das hatte ich mir fest vorgenommen.

Als ich meiner Redakteurin Ausschnitte des Gesprächs vorspielte, schien sie wenig überrascht von meiner mageren Ausbeute. Sie erklärte mir, was ich falsch gemacht hatte, wie man daraus aber trotzdem noch einen Beitrag ›stricken‹ könne, und schickte mich mit diesen Ideen in den Schnitt. Eigentlich sollte mein Bericht fünf Minuten dauern und O-Töne enthalten, so war der Auftrag. Am Ende sind daraus 3'30 geworden. Meine Redakteurin machte mir Mut und meinte, dass die ersten Beiträge der Hospitanten meistens im Müll und nicht im Radio landen würden, und immerhin: Mein Beitrag wurde wenigstens gesendet und ich wurde namentlich als Reporterin anmoderiert.

Trotzdem war ich schrecklich enttäuscht. Ich hatte mir mehr von meinem ersten Einsatz erwartet, und als meine Cousine Berna, die dazu verdonnert wurde, mein Erstlingswerk anzuhören, nur lapidar meinte: »Ich habe überhaupt nichts verstanden, worum ging es eigentlich?«, war ich endgültig am Boden zerstört.

Glücklicherweise blieb dies mein einziger Fehlschlag. In den kommenden drei Monaten machte ich viele schöne Beiträge. Besonders stolz war ich auf das Porträt über Beate, eine Frau, die als Mädchen im Alter von dreizehn Jahren ihre Großmutter erschlagen hatte und nun nach vielen Jahren Jugendarrest wieder Fuß in der Gesellschaft fassen wollte. Auf dieses Thema war ich im Übrigen selber gekommen. Ich wollte einen Bericht über Resozialisierung machen und rief deshalb bei katholischen und evangelischen Frauenwerken an, in der Hoffnung, sie könnten mir einen Kontakt zu einer betroffenen Frau herstellen, die bereit war, mit mir zu reden. Die Pädagogen machten mir wenig Hoffnung, weil die Frauen zu verängstigt seien. Ich hatte das Thema schon abgehakt und mich bereits in ein neues eingearbeitet, als ich ein paar Tage später einen Anruf bekam, dass sie eine junge Frau gefunden hätten, die für ein solches Interview zu Verfügung stehen würde. Die Redakteurin war begeistert von meiner Kreativität und meinem Engagement, ließ mich den Beitrag machen und plante zehn bis zwölf Minuten dafür ein.

Einen Tag später traf ich mich mit der Frau und ihrer Sozialarbeiterin. Ich hatte gar keine Ahnung, wie ich mir eine Frau vorstellen sollte, die einen Menschen erschlagen hatte. War sie eine kaltblütige, herzlose Killerin, die immer noch gefährlich war? Wie sollte ich mich ihr gegenüber verhalten? Als ich kam, saß sie bereits im Büro der Sozialpädagogin am Tisch. Eine zarte, schüchterne, sympathische Frau mit kurzen, gefärbten Haaren stand auf und reichte mir die Hand, die erwartungsgemäß verschwitzt war. Ich sah ihr an, dass sie von meinem Aussehen nicht minder beeindruckt war. Wir einigten uns darauf, dass ich sie im Beitrag Beate nennen sollte, und sie erzählte mir, wie es zu dieser Tat gekommen war, wie ihr Leben bis dahin verlaufen war und was sie sich nun von der Zukunft erhoffte. Sie sprach ganz offen über ihre Ängste und dass sie nicht wisse, ob sie ein Wiedersehen mit ihrer Familie wollte. Sie schien mir zu vertrauen, vielleicht weil sie ahnte, dass man auch mich eher an den Rand der Gesellschaft drängte. Am Ende des Gespräches sagte sie, dass sie nur mit mir zu diesem Interview bereit wäre, weil ich sie verstehen würde. Ich lief knallrot an, was mir reichlich peinlich war und ich für ziemlich unprofessionell hielt.

Am nächsten Tag kam ich mit einem Aufnahmegerät wieder. Die Sozialarbeiterin verbot mir Namen, Alter und den jetzigen Aufenthaltsort von Beate zu nennen, das könne ihr sehr zum Nachteil gereichen. Das sei ja wohl selbstverständlich, antwortete ich fast beleidigt, weil sie mir so viel Sensibilität offensichtlich nicht zugetraut hatte.

Ich war ziemlich stolz auf diesen Beitrag, nicht nur, weil er so gelobt wurde und mir, wie ich finde, journalistisch gelungen war, sondern weil er mir die Sicherheit gab, beruflich auf dem richtigen Weg zu sein. Wochen später rief mich Beate an und erzählte, dass sie aufgrund meines Beitrages eine Lehrstelle zur Frisörin bekommen habe. Das war doch ein toller Erfolg!

Keine zwei Jahre wohnte ich in meiner Zweizimmerwohnung und schon sah ich mich wieder nach einer neuen Bleibe um. Dass mich die laute Straße direkt vor meinem Fenster recht bald nerven würde, wusste ich eigentlich schon, als ich in die Wohnung zog. An manchen Tagen staute sich der Verkehr so sehr, dass die LKW-Fahrer fast neben mir am Tisch saßen und mir in meine Kaffeetasse gucken konnten, denn meine Wohnung lag im Hochparterre. Ich konnte die Fenster nicht öffnen, denn dann wurde es unerträglich laut und man riskierte eine Kohlenmonoxidvergiftung. Also beschloss ich mal wieder umzuziehen. Nicht nur wegen der scheußlichen Wohnung, sondern weil ich mich ein bisschen verknallt hatte. Ich wollte mit Martin und seiner Schwester, die ich schon länger kannte, zusammenziehen. In einem Inserat fand ich ein kleines, schmuckes, gelbes Häuschen mit riesigem Garten, das ganz offensichtlich nur auf unseren Einzug wartete. Einzig blöde war die tägliche Fahrerei in die Stadt, denn das Häuschen lag außerhalb in der Nähe von Dachau. Trotzdem war dieses Häuschen ein echter Glücksfall, das Traumhaus schlechthin. Wenn da bloß nicht der Eigentümer gewesen wäre, der uns das Leben immer schwerer machte. Beim Bau dieses traumhaften Hauses war es wohl nicht ganz mit rechten Dingen zugegangen, und so hatte er von der Gemeinde die Auflage bekommen, sein kleines Anwesen einer Einrichtung für Behinderte zur Verfügung zu stellen, andernfalls hätte er das Haus wieder abreißen müssen. Ob das so stimmt, weiß ich nicht, aber man erzählte sich diese Geschichte im Ort. Da die Institution selbst keine Verwendung mehr für dieses Haus hatte, war sie auf der Suche nach einem Untermieter. Da ich die einzige Bewerberin um dieses Haus war, bekamen meine Freunde und ich den Zuschlag. Mit uns als Mietern war der erzkonservative Mensch natürlich nicht einverstanden und eine Wohngemeinschaft war so ziemlich das Letzte, was er sich vorstellen konnte.

Wir waren kaum eingezogen, da begannen er und seine verrückte Mutter uns zu schikanieren. Wir waren schon von Nachbarn vor dem eigenwilligen Eigentümer und seinen seltsamen Anwandlungen gewarnt worden. Ich wischte diese Bedenken vom Tisch. Spinner gibt es überall, dachte ich. Ich war schon so vielen begegnet, mit dem würde ich auch noch fertig werden.

Zum Haus führte ein langer, schmaler Feldweg durch einen Garten mit tollem, altem Baumbestand, der das ganze Anwesen umgab. Wir hatten uns per Vertrag verpflichtet, den Rasen alle zehn Tage zu mähen, was wir auch konsequent erledigten. Doch mit bloßem Mähen war der gute Mann nicht einverstanden, er erwartete einen englischen Rasen und forderte diesen auch ein. Mindestens einmal in der Woche kam er hoch zu Ross angeritten, ihm gehörten die Felder und der angrenzende Wald, also der halbe Ort, stoppte sein Pferd vor unserem Gartentor und meckerte. Meist kam er morgens, wenn ich gerade ins Auto stieg, um in die Schule zu fahren. Ich blieb erstaunlich freundlich, fuhr aber auch freundlich einfach davon. Noch unerträglicher war seine Mutter. Sie war eine kleine, alte, stutenbissige, böse Frau. Sie stand regelmäßig mit ihrem gesamten Hofstab, dem Grundstücksverwalter, ihrem Architekten und dem hauseigenen Anwalt, vor unserer Tür und brüllte sich die Seele aus dem Leib. Ihre Begleitmannschaft war jedes Mal peinlich berührt von ihren absonderlichen Auftritten, aber keiner sagte etwas. Mal störte sie sich an den wild zusammengewürfelten Gartenmöbeln, mal standen ihr zu viele Autos herum oder es waren zu viele Gäste da. Wie ein aufgescheuchtes Huhn rannte sie ums Haus, auf der Suche nach irgendetwas, über das sie sich die Haare raufen konnte. Und sie fand immer einen Grund zum Toben! Manchmal rannte sie in ihrer Rage ins Haus, betrat einfach sämtliche Räume und drohte, uns im hohen Bogen aus dem Haus zu werfen. Ihre Tobsuchtsanfälle dauerten durchschnittlich fünfzehn Minuten, und dann zog sie mitsamt ihrem Tross wieder ab. Ich kann mich nicht erinnern, auch nur einmal kultiviert mit dieser Frau gesprochen zu haben. Trotzdem wollten wir uns das Häuschen nicht vermiesen lassen und ertrugen diesen Wahnsinn, der ja auch etwas Komisches an sich hatte. Doch nach zwei Jahren Dauerterror durch diese Furie hatte ich die Nase voll vom Traumhäuschen und wollte, sobald ich meine Ausbildung abgeschlossen hatte, zurück in die Stadt ziehen.

Trotz der sonderbaren Besuche der alten Dame feierten wir Feste in unserem Häuschen, so auch das Abschiedsfest mit meinen Kommilitonen von der Journalistenschule. Spontan beschlossen wir, bei mir zu feiern, jeder sollte irgendetwas mitbringen, die meisten hatten natürlich Alkoholisches dabei. Wir aßen nur etwas, tranken dafür umso mehr, so dass wir am nächsten Morgen fast unsere offizielle

Feier an der Deutschen Journalistenschule verpennt hätten. In letzter Sekunde und zum Teil in erbärmlichem Zustand – mit Kopfschmerzen, Übelkeit und einer mächtigen Alkoholfahne – fuhren wir in die Schule, um von der Schulleitung und einigen Dozenten verabschiedet zu werden. Ich hätte diese Feier so gerne genossen, doch dafür ging es mir zu elend. Zudem packte mich beim Gedanken, diese Schule nun für immer verlassen zu müssen, eine unglaubliche Wehmut. Abschiednehmen fällt mir ohnehin riesig schwer, oft hänge ich noch tagelang den Orten oder Menschen hinterher. Aber dieser Abschied fiel mir ganz besonders schwer. An keiner Schule oder Uni habe ich mich so angenommen gefühlt wie dort. Nun war es vorbei und ich war wieder alleine auf mich gestellt.

Ich hielt mein Zeugnis in den Händen, und das fühlte sich einfach großartig an. Ich hatte es tatsächlich geschafft und war nun ausgebildete Redakteurin. Ich, das kleine Mädchen aus einem entlegenen Dorf in der Türkei, das man unter Trümmern wieder hervorholte, hatte sich durchgekämpft und etwas geschafft, wovon andere träumten. Ich kann nicht sagen, dass ich stolz auf mich war, denn das Wort mag ich nicht, ich war vielmehr überrascht von meiner Ausdauer und meiner Kraft.

Trotzdem hatte ich wieder diese seltsame Angst vor der Zukunft, vor dem Leben. Es fehlte mir Zuversicht, und Selbstvertrauen und Selbstbewusstsein stellten sich nie so recht ein. Bis heute nicht. Ich kann nicht gut verhandeln, mich erst recht nicht gut verkaufen, und bei Lob werde ich noch immer rot wie ein kleines Schulmädchen.

Der Promifaktor

Die Ausbildung zur Redakteurin hatte ich in der Tasche, sämtliche Praktika waren gemacht, jetzt konnte es eigentlich mit dem Berufsleben losgehen. Und schon übermannte mich die nächste Sorge: Wird mich überhaupt jemand einstellen?

Kurze Zeit später bekam ich das Angebot, an einer Unterhaltungsshow für die ARD mitzuarbeiten. Eine Kollegin war erkrankt und so suchte man nach einem Ersatz. Eine Kommilitonin schlug mich vor und ich bekam den Auftrag für die nächsten zwei Monate. Meine Aufgabe war es, Prominente zu finden, sie einzuladen, Vorgespräche zu führen und entsprechende Fragen für die Sendung zu entwickeln. Das lag mir sehr und ich erledigte alles zur Zufriedenheit des Redakteurs.

Einer der Promis, die der Redakteur unbedingt in der Sendung haben wollte, war ein älterer Schauspieler, der seine besten Tage schon hinter sich hatte, wie ich fand. Die Arbeit im Vorfeld gestaltete sich außergewöhnlich schwierig mit dem Herrn. Eigentlich wollte ich Sendungsinhalte mit ihm klären, er aber wollte seine Unterbringung im besten Hotel der Stadt geregelt wissen. Unser Budget sah aber nur das zweitbeste Hotel vor – das wollte er aber nicht. Der Mann und vor allem seine Frau hielten mich mit ihren Sonderwünschen dermaßen auf Trab, dass ich fast nicht mehr zu meinen anderen Aufgaben kam. Irgendwann war dann endlich alles geregelt, er und seine Gemahlin waren zufrieden und wir warteten nur noch auf den Tag der Aufzeichnung. Dann endlich war es so weit, ich war mächtig aufgeregt.

Der Schauspieler, der erste Promi, mit dem ich beruflich zu tun hatte, und seine Frau marschierten zur Tür herein. Er erblickte mich, kam auf mich zu, tätschelte mich am Kopf und freute sich, dass der Bayerische Rundfunk es mir ermöglichte, bei dieser Aufzeichnung dabei sein zu können. Er dachte tatsächlich, ich wäre eine Zuschauerin, die das große Los gezogen hatte, dieser Show einmal hinter den Kulissen beizuwohnen. Er konnte gar nicht aufhören sich zu freuen und mich zu tätscheln. Vor lauter Sprachlosigkeit gelang es mir nicht, mich vorzustellen. Nachdem er mich ausgiebig wie ein kleines Kind behandelt hatte, drehte er sich zu den anderen Anwesenden um und fragte in einem jetzt weniger freundlichen Ton in die Runde: »Wo ist denn nun diese Frau Soyhan ... oder wie sie heißt ...?« Betretenes Schweigen. Ich hob kleinlaut meinen Finger und sagte kaum hörbar: »Hier, hier bin ich.« Der Mime drehte sich entsetzt zu mir um, wurde rot, dann weiß, dann wieder rot und wieder weiß, schluckte, entschuldigte sich bei mir, stellte noch zwei, drei Fragen zum Ablauf der Sendung und verließ den Aufenthaltsraum. Nach der Sendung war er auf und davon, ohne sich zu verabschieden.

Meine Aufträge waren nun erledigt und ich hatte die leise Hoffnung, im Anschluss vielleicht ein neues Projekt übertragen zu bekommen, doch daraus wurde nichts. Ein paar Tage später rief die Sekretärin der Journalistenschule bei mir an und fragte, ob ich ein weiteres kleines Praktikum machen wollte. Die Dame, die für ihre Produktionsfirma eine Praktikantin suchte, war selbst Absolventin der Schule. Ziemlich clever, denn sie konnte davon ausgehen, dass sich hochmotivierte Leute bei ihr melden würden. Dass ich wieder >nur‹ ein Praktikum machen sollte, störte mich nicht, zumal im Anschluss eine Festanstellung zur Redakteurin winkte. Ich war riesig nervös, denn immerhin bewarb ich mich bei einer Produktionsfirma, die eine sehr erfolgreiche Sendereihe für ein Millionenpublikum produzierte.

Ich fuhr zum Bewerbungsgespräch. Die Chefin schwärmte mir von der familiären Atmosphäre im gesamten Team vor. Eine kleine, aber sehr feine Firma sei das, und entsprechend exquisit das Personal. Jeder, der hier arbeite, täte dies mit vollem Einsatz und noch mehr Herzblut. Schließlich arbeite man hier an etwas wirklich Großem. Anscheinend war man hier direkt im Redaktionshimmel angekommen. Zwar machte mich diese übertriebene Selbstbeweihräucherung schon arg skeptisch, aber ich schob den Gedanken beiseite. Hier bot sich mir gerade eine große Chance, und die wollte ich nicht ungenutzt lassen, ich wollte endlich durchstarten, von mir aus auch gerne unter Genies. Kurz bevor das Gespräch beendet war, durfte dann das Personal auch noch einen Blick auf mich werfen und vermutlich auch mitentscheiden, ob sie eine Kollegin wie mich haben wollten. Das passierte mir später im Übrigen noch einmal. Da wurde eine Kollegin gefragt, ob sie Probleme damit hätte, wenn sie mit einer Rollstuhlfahrerin direkt zusammenarbeiten müsste. Was wäre passiert, wenn sie ja gesagt hätte? Hätte ich diesen Job dann nicht bekommen? War es also nicht meine Qualifikation, sondern eine >großzügige‹, gönnerhafte Geste, die mir diesen Job bescherte? Bloß gut, dass ich all das immer erst hinterher erfuhr.

Ein paar Tage später kam dann tatsächlich die Zusage. Ich konnte mein Glück kaum fassen, als ich mit zittriger Hand meinen Vertrag unterschrieb. Im Übrigen ärgerte ich mich wahnsinnig über meine missglückte Unterschrift, hatte ich doch ewig daran gefeilt. Heraus kam aber nur ein seltsames Gekrakel. Unterschrift hin oder her, dachte ich mir schließlich, die Sache war eingetütet und ich hatte einen Vertrag.

Die Arbeit machte mir von Anfang an großen Spaß. Der Kontakt mit den Menschen, die verzweifelt nach ihren vermissten Angehörigen suchten, ging mir ziemlich nahe. Manchmal schnürten mir die traurigen Geschichten das Herz so zusammen, dass ich schwer an mich halten musste, um nicht mitzuweinen. Vor allem dann, wenn es um vermisste Kinder und Jugendliche ging, und solche gab es zur Genüge. Jeden Mittwochabend kamen die Angehörigen zu uns ins Studio nach München, in der Hoffnung, noch während der Livesendung Hinweise auf den Aufenthaltsort ihres geliebten Menschen zu bekommen. Manche traten in der Sendung auf, andere waren einfach so gekommen, um da zu sein, wenn nach dem Filmeinspieler Hinweise eingingen. So zum Beispiel die Mutter einer Vermissten. Die junge Frau hatte im Streit das Haus verlassen und war seither spurlos verschwunden. Mehr als ein Jahr suchte die Familie nach ihrer Tochter, bis sie sich schließlich an uns wandte. Die Mutter der jungen Frau saß so verloren im Gästeraum und starrte mit vor Weinen geschwollenen Augen ständig zur Tür, in der Hoffnung, irgendjemand würde sie endlich von diesem Schmerz erlösen. Die Strümpfe um ihre dünnen Beine waren nach unten gerutscht, auf ihrem Schoß umklammerte sie ganz fest ihre Tasche, und in den Händen hielt sie ein Taschentuch, mit dem sie sich alle paar Minuten eine Träne wegwischte. Mir tat diese Frau so unendlich leid, man sah ihr an, dass sie durch die Hölle gegangen war, ja, dass sie noch mitten in der Hölle war. Zu ihrer Tochter kamen leider keine Hinweise. Ein paar Monate später erfuhren wir, dass die junge Frau ermordet aufgefunden worden war. Gerade dann, wenn ich Angehörige persönlich kennengelernt hatte und die Suche so tragisch endete, litt ich richtiggehend mit diesen Menschen mit. Dass mich diese Fälle unglaublich beschäftigten und ich manchmal nachts deswegen nicht schlafen konnte, erzählte ich niemandem, ich wollte nicht als Obersensibelchen dastehen, das nicht in der Lage war, professionell mit diesen Themen umzugehen.

Ich hatte mich schnell eingearbeitet und sehr bald einen guten Draht zu meinen Kollegen und meiner Chefin aufgebaut. Meistens war das Arbeiten auch wirklich sehr lustig. Das Team war sehr zufrieden mit meiner Arbeit, und ich lernte zunehmend, mit den traurigen Geschichten der Betroffenen umzugehen. Und: Ich lernte unendlich viel dazu – in jeder Hinsicht: Die Geschichten in Filme umzusetzen, Schnitt, Interviewtechniken und vieles mehr. Meine Chefin war eine brillante Journalistin, ein Quell nicht enden wollender Ideen. Sie hatte ein unglaubliches Gespür für Themen und merkte sofort, wenn an der Geschichte irgendetwas faul war. Ihr Bauchgefühl stellte sich meist als richtig heraus. Sie war ein absolutes Vorbild für mich. Ich bewunderte sie. Sie hatte ein Talent, Menschen zu begeistern und sie, gerade dann, wenn sie im Begriff waren, einen Rückzieher zu machen, bei der Stange zu halten. Sie konnte wahnsinnig gut argumentieren und auch auf einen einreden, dass man am Ende zu allem bereit war. Bei aller Bewunderung für ihre fachliche Kompetenz – als Mensch blieb sie mir ein Rätsel.

Die Sendung hatte allerdings jede Menge Kritiker: Die Macher der Sendung würden die Not der Menschen skrupellos ausnutzen und sie hemmungslos vorführen. Dieser Meinung waren auch meine Freunde, und wann immer ich von meiner Arbeit erzählte, musste ich sie verteidigen. Vor allem meine Pädagogenfreunde verstanden nicht, wie man nur für so eine Sendung arbeiten konnte.

Ich stand immer zu dieser Sendung, ich verstand zwar die Kritik meiner Freunde, aber ich wusste auch, dass die Sendung vielen Menschen, die endlich ihre vermissten Angehörigen wiederfanden, half.

Das Praktikum absolvierte ich anstandslos und wurde anschließend tatsächlich übernommen. Ich unterschrieb meinen ersten richtigen Redakteursvertrag! Die Kollegen zogen mich jeden Tag über die Stufen und gaben mir das Gefühl, dass das selbstverständlich war.

Ich konnte mich nie so recht daran gewöhnen, mir war diese Abhängigkeit sehr unangenehm, aber ich hatte keine Wahl. Auf dem Nachhauseweg dachte ich immer wieder, was ich doch für ein Glück im Leben hatte. Ich hatte einen Traumjob, verdiente regelmäßig mein eigenes Geld und hangelte mich nicht mehr von Projekt zu Projekt. Ich stand nun endlich auf meinen eigenen Beinen – vielmehr: Ich saß nun endlich auf meinen eigenen vier Rädern. Ich wollte eine verdammt gute Journalistin werden und sog alle Informationen auf wie ein Schwamm. Ich war dankbar für jeden Tipp und wollte von Tag zu Tag besser werden. Niemand sollte den Eindruck bekommen, ich könnte wegen des Rollstuhls nicht mithalten. Niemand sollte auf mich Rücksicht nehmen müssen oder mich mit Samthandschuhen anfassen. Keinesfalls wollte ich geschont werden. Am allerwenigsten aber schonte ich mich selbst. Ich hatte das Gefühl, etwas Sinnvolles zu tun.

Bis die Stimmung in der Redaktion kippte. Eines Morgens, ich fuhr mit einem ganz seltsamen Gefühl zur Arbeit, spürte ich, dass meine Tage in dieser Redaktion gezählt waren. Mein Kollege, dem ich meine Sorge anvertraute, lachte zwar und fand, ich würde spinnen und mir nur etwas einbilden. Aber ich spürte schon seit geraumer Zeit düstere Wolken heranziehen – irgendetwas war anders geworden zwischen meiner Chefin und mir. Ich hatte zunehmend das Gefühl, dass sie in allem, was ich tat, einen Fehler suchte. Ich war derart verunsichert, dass sich zwangsläufig immer mehr Fehler in meiner Arbeit einschlichen. Von Menschlichkeit und familiärer Atmosphäre spürte ich nichts mehr – im Gegenteil. Drei Monate später unterschrieb ich meinen Auflösungsvertrag und verließ die Firma mit dem grässlichen Gefühl, komplett versagt zu haben. Ich war unendlich traurig darüber, weil mir die Arbeit Spaß gemacht hatte und ich die Kollegen sehr mochte. War ich tatsächlich so wenig belastbar? Ich machte mir Vorwürfe – vielleicht hätte sie ja von mir abgelassen, wäre ich nur stark genug gewesen und hätte mich gewehrt. Für einen solchen Kampf aber war ich zu unerfahren, und vor allem fehlte es mir am Selbstbewusstsein. Was genau eigentlich das Problem war, habe ich nie erfahren. Von dem absoluten Hoch- und Glücksgefühl, das ich seit einigen Jahren verspürte, war mit einem Schlag nicht mehr viel übrig. Stattdessen packten mich Selbstzweifel. War der Beruf für mich doch der falsche? Wie sollte ich dem nächsten potenziellen Arbeitgeber erklären, warum ich nach nur knapp zwei Jahren die Stelle wieder aufgegeben hatte? Es sollte niemand denken, dass ich wegen meiner Behinderung weniger belastbar war als andere Kollegen.

Ich hatte Angst, mich auf die Suche nach einer neuen Arbeit zu machen. Und dann träumte ich auch noch ständig diesen einen blödsinnigen Traum, in dem ich aufgefordert werde, meinen Abschluss zurückzugeben, weil ich mir diesen erschlichen hätte. Mit dem Rauswurf aus der Firma – dabei war ich doch freiwillig gegangen – hätte ich bewiesen, dass ich eine durch und durch unbegabte Mitarbeiterin war und dass ich dem Beruf absolut nicht gewachsen war. Berna war sauer auf mich, dass ich mich von dieser einen schlechten Erfahrung in meinem Job so ins Bockshorn jagen ließ, und ermutigte mich, nicht aufzugeben. Sie empfahl mir, meine Kontakte zu nutzen, was mir eigentlich zuwider war, denn ich wollte nicht wie eine Bittstellerin auftreten. Lange Zeit hielt ich Dinge, die über Kontakte zustande kamen, sogar für unmoralisch und hatte den Standpunkt, dass man sich alles redlich erarbeiten sollte. Heute sehe ich das etwas differenzierter, gleichwohl ich für mich immer noch nicht gut handeln kann.

Dennoch kehrte ich zum Bayerischen Rundfunk zurück und bekam prompt Aufträge. Ein Jahr später wurde ich von der Produktionsfirma, die sehr viele Sendungen für den BR realisiert und bei der ich vor Jahren ein Praktikum absolviert hatte, angestellt. Wunderbar, wieder hatte ich es geschafft. Wieder war die Arbeit super, die Kollegen und meine beiden Chefs sowieso. Ich war mehr als zufrieden mit meinem Leben. Alles lief perfekt, nur diese Peinlichkeit mit dem mich tätschelnden Schauspieler lief mir nach, und ich wollte um jeden Preis verhindern, dass mir etwas Ähnliches wieder passierte.

180

Ich betreute Talksendungen und entwickelte mich zu einer richtigen Promi-Expertin.

Zum Thema Bier sollte ich einen sehr beliebten bayerischen Schauspieler einladen. Ich hatte vor, ihn im Vorfeld am Telefon schon mal darüber zu informieren, dass ich im Rollstuhl sitze, damit er gleich wusste, was auf ihn zukam. Ich war ziemlich nervös vor diesem Interview und hatte Herzklopfen. Hinzu kam, dass mich meine Kollegin, die mit mir im gleichen Büro saß und zwangsläufig bei diesem Telefonat zuhörte, zusätzlich sehr verunsicherte. Unser Gespräch verlief jedoch sehr gut, es war richtig lustig, mit ihm zu plaudern. Gegen Ende wies ich auf meinen Rollstuhl hin, nur damit er nicht erschrak, wenn wir uns dann bei der Sendung treffen würden. Und seine Antwort: »Ja und, dann sitzen Sie eben im Rollstuhl.« Pause.

Er lachte, legte auf und freute sich auf unser Treffen. Die allermeisten Promis reagierten äußerst souverän und behandelten mich nicht von oben herab. Manchen sah ich aber auch an, dass sie sich heimlich wunderten, dass ich die Person war, mit der sie vorher am Telefon gesprochen hatten. Vor den großen Promis fürchtete ich mich nicht mehr, meine Gespräche führte ich professionell, jedenfalls beschwerte sich nie jemand über mich. Zu den meisten hatte ich sofort einen sehr guten Draht, zu anderen weniger, aber auch das funktionierte.

Die Arbeit empfand ich als Vergnügen. Es machte mir Spaß, mit den Menschen zu sprechen und sie anschließend durch die Sendungen zu begleiten. Bei manchen erstarrte ich dennoch vor Ehrfurcht, nämlich dann, wenn ich eine große Bewunderin von ihnen war. So erging es mir beispielsweise mit Konstantin Wecker. Vor dem Interview hatte ich wirklich Angst, weil er als ein so kluger Geist, dem man schwerlich das Wasser reichen kann, gilt. Ich hatte ihn für eine Sendung vorgeschlagen und musste nun das Vorgespräch mit ihm führen. Meine Güte, der große Wecker, dessen Lieder in meiner Sturm-und-Drang-Zeit rauf und runter liefen, mir Mut machten, wenn ich mal wieder das Gefühl hatte, dass die Welt einfach nur schlecht ist. Diesen tollen Menschen kennenzulernen, das war ein großer Moment für mich. Ähnlich erging es mir mit Vicky Leandros. Für sie schwärmte ich als kleines Mädchen. Ich konnte alle ihre Lieder mitsingen, schnitt jeden Schnipsel aus den Zeitungen aus und klebte sie in ein Fan-Album. Einmal schlich ich im Heim sogar heimlich aus dem Schlafraum, um ihre Show im Fernsehen anzusehen. Ich hielt mich mit aller Gewalt wach, huschte in den Aufenthaltsraum, schaltete den Fernseher ein, drehte den Ton ganz leise und drückte mein Ohr an den Bildschirm, damit ich überhaupt etwas hören konnte, bis ich plötzlich einen festen Griff an meiner Schulter spürte. Ich hatte die Oberlichter an den Türen vergessen, und der Herr Direktor, der seine Wohnung ja direkt nebenan hatte, entdeckte das Flackern des Fernsehers und erwischte mich beim Schwarzsehen. Das brachte mir natürlich mal wieder eine saftige Strafe ein. Ärgerlich war nur, dass es sich überhaupt nicht gelohnt hatte, weil ich keine fünf Minuten vor dem Fernseher saß, bevor ich erwischt wurde. Dieser Sängerin nun nicht mehr als ›Fan‹ gegenüberzutreten, sondern als Journalistin, war schon ein tolles Gefühl.

Nicht nur Talksendungen bereitete ich vor, ab und zu wurde ich auch rausgeschickt, um einen Beitrag zu drehen. Die spektakulärste Dreharbeit, die ich erlebt habe, war eine Reportage über zwei obdachlose Menschen, die ich interviewen sollte. Ich hatte sehr schnell Zugang zu den beiden Herren. Ihre Geschichten, wie sie zu diesem Leben auf der Straße gekommen waren, berührten mich und machten mich richtig traurig. Ich hatte einen großen Respekt vor dem Leben, das sie führten, und fragte mich, wie man all das überhaupt ertragen konnte. Sie waren mit meinen Ideen für die Reportage einverstanden und machten so ziemlich alles mit, was wir von ihnen verlangten. Der erste Drehtag verlief super, weil auch sie ihren Spaß hatten. Am nächsten Morgen, sieben Uhr, rückten wir mit Kaffee und frischen Semmeln an, um die Dreharbeiten fortzuführen. Oh Schreck, den Schlafplatz unserer Protagonisten hatten sich andere Herren geschnappt, entsprechend verärgert waren sie, als wir sie beim Schlafen störten. Mürrisch ließen sie uns wissen, dass sie keine Ahnung hätten, wo die beiden steckten, und wir jetzt sofort verschwinden sollten. Den ganzen Tag suchten wir die Orte ab, wo sich die beiden gewöhnlich aufhielten. Niemand konnte uns sagen, wo sie abgeblieben waren, auch der Pater, bei dem sie sich jeden Morgen ihr Frühstück holten, hatte die beiden an diesem Tag noch nicht gesehen. Er meinte aber, dass das völlig normal sei. Sie lebten von Tag zu Tag und Abmachungen zählten nichts für sie. Die Dreharbeiten fielen ins Wasser und ich suchte noch weitere zwei Tage nach den Verschollenen, aber sie blieben verschwunden. Das Filmmaterial, das ich hatte, konnte man gut verwenden, nur wurde dieser Teil der Reportage etwas kürzer als geplant. Kurz nachdem der Film ausgestrahlt wurde, las ich in der Zeitung, dass die Polizei den Mord an einem Obdachlosen inzwischen aufgeklärt hätte. Grund für die tödliche Messerattacke war ein Streit über den Schlafplatz. Das Opfer kannte ich, den Täter hoffentlich nicht.

Eines Tages flatterte mir eine Anfrage ins Haus. Gesucht wurde eine Moderatorin, die behindert war und eine journalistische Ausbildung hatte. Prima, wie geschaffen für mich. Ich sah mich schon als Superstar am Moderationshimmel leuchten. Alle würden sich um mich reißen, ich würde endlich berühmt werden und die Leute würden mich fortan nur noch deshalb auf der Straße anglotzen, weil sie mich entweder großartig fänden oder aber total ablehnten – jedenfalls nicht mehr wegen meiner Behinderung. Der Produzent war glücklich, dass ich seinem Profil entsprach. Wir trafen uns, und schon ein paar Wochen später sollte ich vor der Kamera sitzen und »grenzenlos«, ein Reisemagazin für Menschen mit und ohne Handicap, moderieren. Ich hielt mich für ein absolutes Naturtalent und schämte mich nach den Aufnahmen in Grund und Boden. Ich stotterte, musste Sätze wiederholen, und die Interviews, die ich machen sollte, waren wirr und dauerten ewig. Ich war froh, wenn der Gast sprach, so dass ich keine Fragen stellen musste. Damit würde ich bestimmt nicht berühmt werden, das reichte bestenfalls als Lachnummer, dachte ich mir. Warum drängte es so viele Kollegen vor die Kamera – mein Fall war das nicht. Und schon nach der ersten Sendung wollte ich wieder damit aufhören. Meine Neugierde, vor der Kamera zu sein, war erst einmal befriedigt, weitere Peinlichkeiten wollte ich mir ersparen. Hermann, der Produzent, bestand darauf, dass ich weitermachte. Und nun, nach zehn Jahren, bin ich doch routinierter geworden und habe mich an das Arbeiten vor der Kamera gewöhnt. Alle paar Monate moderiere ich immer noch die Sendung »grenzenlos«.

Von Anfang an musste sich Hermann Jahr für Jahr um die Finanzierung kümmern, und jedes Jahr wieder weiß er nicht, ob es »grenzenlos« weiterhin geben wird, ob er Sponsoren findet oder nicht. Erstaunlicherweise schafft er es aber immer wieder, Gelder aufzutreiben und zu produzieren – bis heute. Berühmt bin ich mit dieser Sendung nicht geworden. Die Leute starren mich immer noch wegen meines Aussehens an – nicht wegen des ›Promifaktors‹.

Das zweite Beben

Von unserem Traumhaus hatten wir die Nase langsam voll. Der Irrsinn mit unserem Vermieter und seiner Mutter ging weiter und steigerte sich sogar noch. Die Abstände zwischen den Heimsuchungen wurden immer kürzer und das Gebrülle immer lauter. Nach etwas mehr als zwei Jahren beschlossen wir, völlig entnervt, auszuziehen. Traumhaus hin oder her. Nachdem ich wieder eine Arbeit hatte, konnten Martin und ich uns auch eine neue Wohnung suchen. Hauptsache weg! So nahmen wir die erstbeste Wohnung, die wir bekommen konnten, und schlitterten geradewegs in die nächste Wohnkatastrophe. Die Lage war perfekt, die Wohnung nicht! Mit dem Rolli eigentlich nicht zu machen. Winzige Küche, Mini-Bad und Mini-WC. Ein enger Aufzug, dessen Tür ich nur mit höchster Kraftanstrengung öffnen konnte. Die Tür und ich lieferten uns regelrechte Kämpfe. Es dauerte oft minutenlang, ehe ich klatschnass geschwitzt endlich im Aufzug war. Martin wunderte sich nicht, dass wir ein Jahr später den ganzen Krempel ein- und in einer anderen, neuen Wohnung wieder auspackten

Als Rollifahrerin eine vernünftige Wohnung zu finden, ist nicht leicht. Rollstuhlgerechte Wohnungen wurden damals und werden auch heute noch kaum gebaut. Und wenn man doch eine passende Wohnung gefunden hat, ist in den allermeisten Fällen ein Berechtigungsschein von der Behörde nötig, den ich aufgrund meines Einkommens nicht erhalte. Oder aber die barrierefreien Wohnungen auf dem Markt sind viel zu teuer, weil sie riesig groß sind. Es bleibt einem nichts anderes übrig, als einen Kompromiss einzugehen. Jetzt bewohne ich zwar eine rolligerechte Wohnung – ich kann die Fenster selbständig öffnen und schließen, das ist wirklich toll –, dafür aber ist die Gegend trostlos. Ein Kompromiss eben.

Besonders lange hielt das ›Verliebtsein‹ zwischen Martin und mir nicht an, und dass wir keine richtige Beziehung führten, war uns schnell klar. Jeder machte so sein Ding. Ich ging arbeiten und versuchte in meinem Job voranzukommen, und Martin kümmerte sich um seine Musik und die Arbeit am PC und assistierte alle paar Tage Ernst bei den täglichen Dingen, die er alleine nicht schaffte. Damit verdiente sich Martin seinen Unterhalt. Er entfaltete sich als Künstler und PC-Experte und ich bezahlte den Großteil der laufenden Kosten.

Meine Erfolgsbilanz bei Männern war äußerst dürftig, und so war ich froh, einen Freund wie Martin zu haben. Auch wenn unsere Beziehung für uns beide nicht auf Liebe basierte, sondern mehr auf Freundschaft, kamen wir gut miteinander aus. Wir wussten aber auch, dass jeder von uns sofort gehen würde, wenn ihm die große oder auch nur die kleine Liebe über den Weg laufen würde.

Im Job lief es gut, ich hatte ein paar sehr gute Freunde, endlich wieder einen engen Kontakt zu meiner Familie, und mit Berna machte ich viele kleine Urlaube. Sie arbeitete im Reisebüro und saß quasi an der Quelle.

Aykut hatte zwischenzeitlich geheiratet und er war Vater einer kleinen süßen Tochter mit Namen Gözde. Ein paar Jahre später kam die zweite zur Welt, Elif. Seine Frau Cigdem und ich verstanden uns auf Anhieb sehr, sehr gut. Sie war in der Türkei aufgewachsen und für die Ehe mit meinem Bruder nach Deutschland gezogen. Da hatte es Baykut mit seiner Frau etwas leichter, Serpil ist ebenfalls hier aufgewachsen und hatte nicht die Schwierigkeiten, die Cigdem zu bewältigen hatte. Hier in Deutschland hatte Cigdem jetzt nur uns, ihre ›neue‹ Familie. Ihre Eltern und Geschwister blieben in der Türkei, und sie sah sie nur einmal im Jahr in den Sommerferien. Cigdem ist eine starke Persönlichkeit, das merkte ich schnell. Sie ließ sich nicht die Butter vom Brot nehmen, hatte klare Vorstellungen von ihrem Leben und ließ sich nicht auf die typische Frauenrolle reduzieren. Innerhalb kürzester Zeit hatte sie Freundinnen und Bekanntschaften geschlossen.

1999 flog ich mit Aykut und Cigdem gemeinsam nach Karasu. Die ersten Tage fühlte ich mich wohl, doch dann wurde ich langsam nervös. Nicht wegen der Menschen, sondern weil ich in meiner Mobilität sehr eingeschränkt war. Alle Häuser hatten Stufen, die Gehwege waren übersät mit Schlaglöchern. Abgeflachte Bordsteinkanten – Fehlanzeige. Ohne Hilfe kam ich überhaupt nicht zurecht.

In diesem Sommer war meine Mutter zu Hause in Deutschland geblieben. Sie spielte mit dem Gedanken, endgültig in die Türkei zurückzukehren, und erledigte Formalitäten für diesen Schritt. Ich wohnte zusammen mit Aykut und Cigdem und meinen beiden Nichten Gözde und Elif in deren Ferienwohnung. Tagsüber lagen wir in der Sonne am Strand, abends aßen wir gemeinsam auf der Terrasse. Anschließend gab es Tee und einen Plausch bis in die frühen Morgenstunden. Ständig flanierten Bekannte vorbei, mit denen wir ein paar Takte sprachen, manche blieben auf ein Gläschen Tee und gingen dann weiter ihrer Wege. Oder aber wir waren unterwegs und besuchten Familienmitglieder und Bekannte oder schlenderten an den Verkaufsbuden, die an den strandnahen Straßen aufgestellt waren, entlang. So ging das herrliche vierzehn Tage lang. Eines Nachmittags, wir packten gerade unsere Sachen am Strand zusammen, färbte sich der Himmel gelb und die ganze Landschaft war in ein fahles Licht getaucht. Ein starker Wind zog auf und das Meer schleuderte zornig seine Wellen an den Strand. Wir waren uns nicht sicher, ob wir die Stimmung, die Farben des Himmels und den aufbrausenden Wind schön finden sollten oder aber bedrohlich. Ich entschied mich für bedrohlich, denn ein solches Licht hatte ich noch nie gesehen. Es lag eine seltsame Spannung in der Luft.

Auch beim Abendessen auf der Terrasse war die Stimmung anders als an den Abenden zuvor. Cigdem plagten starke Kopfschmerzen und unsere Elif, gerade mal ein Jahr alt, war überhaupt nicht zu beruhigen. Kaum war sie eingeschlafen, schreckte sie auch schon wieder auf. Schließlich, es war so gegen halb drei Uhr morgens, gingen wir zu Bett.

Gegen drei Uhr schreckte ich hoch und vernahm ein beängstigendes Vibrieren. Ich dachte noch im Halbschlaf, wo denn der Zug plötzlich herkam, es gab doch gar keinen Bahnhof in der Nähe. Schlagartig war ich hellwach. Ich hörte einen gewaltigen Schlag und das Haus fing an zu wackeln, in alle Richtungen gleichzeitig. Mitsamt dem Bett rutschten wir in die andere Ecke des Raumes. Sibel, Cigdems Schwester, schlief mit Gözde im oberen Etagenbett, unten lag ich. Schranktüren sprangen auf und spuckten den Inhalt aus. Überall krachte und klirrte es. 47 Sekunden lang wurden wir von einem Erdbeben der Stärke 7,6 auf der Richterskala durchgeschüttelt und rechneten jede Sekunde damit, dass das Haus über uns einstürzen würde. Diese Sekunden fühlten sich wie Stunden an. Ein schreckliches Gefühl der Ohnmacht machte sich breit. »Schnell, wir müssen raus hier«, hörte ich jemanden rufen. Aykut und Cigdem packten die Kinder und liefen ins Freie. Ich lag weiterhin wie versteinert im Bett. Wie hätte ich auch das Haus verlassen können, mein Rollstuhl stand im Erdgeschoss. Ohne Hilfe war ich hier aufgeschmissen. Cigdem hatte mir versichert, mich sofort zu holen, nachdem sie die Kinder in Sicherheit gebracht haben würde. Ich rechnete nicht mehr damit. Ich war überzeugt davon, dass sie mich in ihrer Panik vergessen hatten. Ich dachte, das war's dann wohl. Mit einem riesigen Knall hatte mein Leben angefangen und genauso krachend sollte es nun zu Ende gehen – der Kreis sollte sich also schließen. Nach meiner ersten Panik wurde ich ruhiger und war bereit, mich meinem Schicksal zu ergeben, als Turhan, Cigdems Vater, mich am Arm packte und aus dem Haus trug.

Was sich für mich wie Stunden anfühlte, geschah alles innerhalb von ein paar Minuten. In dieser kurzen Zeitspanne hatte ich eine Form von Angst und Schmerz erlebt, wie ich sie vorher nicht kannte. Die Angst zog sich durch den ganzen Körper und kam von ganz, ganz unten. Mein Körper war während des Bebens derart angespannt, dass ich Angst hatte, meine Knochen würden gleich brechen. Mir war schlecht und ich musste unglaublich dringend pinkeln.

Nach diesem unbegreifbaren Gefühlschaos verschob sich meine gesamte Optik. Ich saß im Freien und sah den anderen in Zeitlupe und ohne Ton zu. Ich hatte das Gefühl, nur Beobachterin zu sein, und eine seltsame Ruhe stellte sich bei mir ein. Alles und jeder war ganz weit weg. Das Einzige, was ich bewusst und laut hörte, war das Morgengezwitscher der Vögel. Das hatte etwas Tröstliches, etwas Beruhigendes. Ich weiß nicht, wie lange ich in diesem Zustand war, erst allmählich realisierte ich, was wir da gerade durchgestanden hatten. Ich empfand eine tiefe Dankbarkeit, dass wir alle noch am Leben waren.

Die Leute standen unter Schock und liefen verwirrt umher. Die einen weinten, andere versuchten ihre Nachbarn zu trösten. Manche saßen auch nur ganz stumm da und konnten einfach nicht fassen, was gerade passiert war. Ich selbst zitterte die folgenden Stunden vor mich hin und war glücklich über jedes bekannte Gesicht, das ich sah. Nachdem wir unseren ersten Schock ein wenig überwunden hatten, sorgten wir uns um meinen Bruder Yalcin, meine Schwester Yücel, ihren Sohn Haken und meinen Schwager, sie alle waren in unserer

Wohnung in Adapazarı im vierten Stock. Cigdems Mutter, ihr Bruder und die kleine Nichte waren ebenfalls in Adapazarı. Wir konnten sie telefonisch nicht erreichen, weil die Leitungen komplett zusammengebrochen waren. Wir hofften und beteten, dass diese Häuser dem Beben standgehalten hatten und unsere Familie heil herausgekommen war. Auch Strom und Wasser flossen nicht mehr, doch in diesen Minuten war das das geringste Problem. Wir sorgten uns um unsere Lieben, die in Adapazarı waren, obwohl wir nicht einmal wussten, wo das Epizentrum lag. Irgendjemand erzählte, Adapazarı würde in Schutt und Asche liegen, so verheerend sei das Beben gewesen.

Im Morgengrauen fuhr Cigdems Vater mit dem Auto nach Adapazarı, anders konnten wir keine Gewissheit bekommen. Es stellte sich heraus, dass sich die Schäden in Karasu in Grenzen hielten. Ein Hotel war eingestürzt, aber die Menschen hatten es geschafft, noch rechtzeitig ins Freie zu gelangen. Viel schlimmer sah es tatsächlich in Adapazarı und um Izmit herum aus, wo das Epizentrum lag. Unvorstellbar, welche Kräfte da gewirkt hatten, denn immerhin ist Izmit siebzig Kilometer von Adapazarı entfernt. Stunden später kam Cigdems Vater mit seiner Frau endlich zurück und versicherte uns, dass alle am Leben waren und niemand vermisst wurde. Gegen Mittag trafen dann endlich meine Schwester, mein Bruder, Haken und mein Schwager Sami ein. Zum Glück war ihnen nichts passiert, aber in der Wohnung muss es wie nach einem Bombenangriff ausgesehen haben. Das Haus hatte so stark gewackelt, dass sie sich nicht auf den Beinen halten konnten und auf allen vieren zur Tür robben mussten, um aus dem Haus zu fliehen. Vom dreistöckigen Gebäude gegenüber war nichts mehr übrig, es war eingestürzt wie ein Kartenhaus. Noch heute sieht man den Grundriss und den gekachelten Boden des Hauses.

Am späten Abend erreichte uns dann doch eine schlimme Nachricht. Melek, eine Cousine, hatte ihre Familie verloren. Kurz vor dem Beben wachte ihr kleiner Sohn auf, ihr Mann übernahm die Versorgung und wollte, dass sie weiterschlief. Als er im hinteren Bereich der Wohnung war, begann das Erdbeben. Melek sprang aus dem Bett und wollte zu ihrem Mann und den beiden Jungs eilen, doch es war zu spät. Das Haus stürzte ein, ausgerechnet da, wo das Schlafzimmer und das Bad der Kinder waren. Melek selbst entkam aus dem Fenster und konnte sich so ins Freie retten. Stundenlang gruben Freunde und Nachbarn mit bloßen Händen in den Trümmern nach Meleks Mann und ihren Kindern – vergeblich.

Im fernen Deutschland saß meine Mutter vor dem Fernseher und sah die schrecklichen Bilder des Erdbebens. Sie hatte große Angst, ihre fünf Kinder und Enkelkinder verloren zu haben. Berna fuhr zu ihr und blieb, bis sie Gewissheit hatten, dass wir alle wohlauf waren. Meleks Schicksal machte uns alle sehr, sehr betroffen. Niemand von uns kann wohl erahnen, welch unendlichen Schmerz dieser Verlust für sie bedeutete und noch bedeutet.

Den folgenden Tag und die folgende Nacht verbrachten wir auf der Straße. Niemand traute sich in die Häuser zurück, denn die andauernden Nachbeben versetzten uns jedes Mal wieder in Angst und Schrecken. Schlimmer noch war die Nachricht vom Tod einiger Freunde und Bekannter. Auch wenn ich viele davon selbst nicht kannte, zerriss es mir das Herz, mit ansehen zu müssen, welche Trauer diese sinnlosen Tode auslösten. Ich war tief beeindruckt vom Zusammenhalt und von der Solidarität innerhalb der Nachbarschaft. Es gab kein »mein« und »dein« und kein »wir« und »ihr«. Wir alle rückten ganz eng zusammen, jeder brachte etwas zu essen und zu trinken mit oder stellte Decken und Jacken zur Verfügung. Wir hielten uns an den Händen, spendeten uns Trost und beschäftigten uns mit den Kindern, um ihnen die Angst zu nehmen.

Mein Urlaub, jedenfalls das, was davon noch übrig war, ging zu Ende und meine Rückreise stand an. Ich hatte ein unglaublich schlechtes Gewissen, kam mir schäbig und wie eine Verräterin vor, weil ich zurück in meine heile Welt konnte. Da, wo ich wieder leben durfte, musste ich keine Angst vor weiteren Beben haben, dort konnte ich nachts wieder ohne Angst schlafen. Ich würde wieder fließendes Wasser und Strom und genug zu essen haben. Und sie, sie alle mussten mit dieser Katastrophe und den Folgen klarkommen, konnten sich nicht wie ich davonschleichen und alles hinter sich lassen. Was würde aus meinem Bruder Yalcin werden? Das Gebäude, in dem er arbeitete, lag in Schutt und Asche, seine Arbeit hatte er damit verloren. Zurück in die Wohnung wollte er vorerst nicht mehr – zu schrecklich war die Erinnerung. Es musste ohnehin erst die Statik überprüft werden, möglicherweise war es ja einsturzgefährdet. Wovon sollte er jetzt leben und wo sollte er wohnen?

Zwei Tage nach dem Erdbeben brachten mich mein Bruder Baykut und ein Cousin mit dem Auto zum Flughafen nach Istanbul. Wir fuhren vorbei an Häusern, die entweder komplett eingestürzt waren oder die so schief dastanden, dass man ihren Einsturz jederzeit befürchten musste. Minarette lagen wie abgeknickte Streichhölzer herum. In den Straßen klafften riesige Löcher, wo einst Häuser standen, die Gehwege waren aufgeplatzt wie alte Reifen, Brücken eingestürzt – es sah verheerend aus. Der Anblick von verzweifelten Menschen, die vor ihren Häusern saßen und weinten oder mit bloßen Händen nach ihren Vermissten gruben, war kaum zu ertragen. Am liebsten wäre ich ausgestiegen, um zu helfen. Mir liefen die Tränen in Strömen und ich konnte mich nicht darüber freuen, bald wieder in Sicherheit zu sein.

Solange es Nachbeben gab, waren alle in Alarmbereitschaft. In Istanbul war die Stimmung nicht anders. Zwar waren nur einige Stadtteile dieser riesigen Metropole betroffen, die Menschen aber flüchteten trotzdem in die Parks oder schlugen ihre Lager auf den Straßen auf. Die Nacht in Istanbul verbrachten wir ebenfalls auf der Straße, neben wildfremden Menschen. Am Flughafen am nächsten Morgen herrschte das reinste Chaos. Jeder wollte nur noch weg. Die Menschen drängten sich an die Schalter, schubsten sich zur Seite, brüllten sich und das Personal abwechselnd an. Eine äußerst explosive Stimmung. Damit ich von den aufgeregten Menschen nicht überrannt wurde, fischte mich das besorgte Personal aus der Masse heraus und brachte mich in einen Nebenraum, in dem ich auf den Flug nach Hause warten konnte. Noch immer war ich nicht erleichtert, diesem Leid zu entkommen. Meine Schwester, Aykut und Cigdem wollten ihren Urlaub nicht abbrechen, sondern bei der Familie bleiben. Aykut war sicher, dass hier jetzt alle Hände gebraucht würden. Auch meine Schwester und ihre Familien wollten sich nicht wie die Diebe in der Nacht davonschleichen und blieben ebenfalls. Mir war nicht wohl bei dem Gedanken, sie zurückzulassen, dennoch konnte ich ihre Entscheidung gut verstehen. Ich wäre ganz sicher auch geblieben, wenn ich hätte helfen können. Im Flugzeug wagte ich einen letzten Blick über Istanbul und wieder kullerten mir die Tränen hinunter. Ich dachte an meine Geschwister da unten, an all die Menschen, die nicht wie ich einfach wegfliegen konnten, sondern die mit dieser Situation nun zu leben hatten. Die sich zum Teil ein neues Zuhause suchen mussten, weil es ihres nicht mehr gab. Und ich dachte an Melek und ihren unendlich großen Schmerz.

Unzählige Häuser, Straßen und Brücken wurden bei diesem Erdbeben zerstört. Das Traurigste aber war, dass an die 20.000 Menschen ihr Leben verloren hatten und dass es noch viel mehr Menschen gab, die nun mit dem Verlust ihrer Freunde und Angehörigen leben mussten. Und ich, ich hatte wieder überlebt und flog nach Hause. Im Flieger bekam ich noch ein Essen serviert. Was für eine Ungerechtigkeit, dachte ich mir. Wie würde ich Freunden von diesem Erdbeben berichten können? Würde ich den schlimmen Schmerz vermitteln können, den ich erlebt hatte, oder würden sich meine Erzählungen anhören, als käme ich gerade von einem Abenteuertrip? Noch war ich mir nicht sicher, was dieses Erdbeben in mir ausgelöst hatte und wie ich mit dieser Erfahrung auf Dauer umgehen würde. Hatte ich die Kraft, das alles wegzustecken, oder war ich nun ein ganz anderer Mensch geworden?

Am Flughafen empfing mich Berna, die in Tränen ausbrach, als sie mich wiedersah. Gefühlte fünf Stunden kniete sie vor mir auf dem

Boden und wir klammerten uns so fest aneinander, als würden wir gleich für alle Zeiten auseinandergerissen werden. Aber nicht nur wir ertranken fast in Tränen, alle Heimkehrer und die vielen erleichterten Menschen am Flughafen weinten ebenfalls. Viele hatten wie meine arme Mutter lange nicht gewusst, ob ihre Liebsten überlebt hatten.

Berna und ich fuhren direkt zu meiner Mutter, die mir von ihren verzweifelten Versuchen, in die Türkei zu telefonieren, berichtete. Unter Tränen erzählte sie, dass sie im Fernsehen Luftaufnahmen von Adapazarı gesehen hatte. Und sie sei sicher gewesen, dass keiner von uns überlebt haben konnte. Adapazarı gehörte neben Izmit und Gölcük zu den vom Erdbeben am schlimmsten betroffenen Städten. In den folgenden Wochen wurden viele Bauherren festgenommen, weil sie sämtliche Bauvorschriften missachtet hatten. Die zerstörten Häuser sahen wirklich aus wie aus Sand gebaut.

Das fürchterliche Gefühl der Ohnmacht und der Verzweiflung hielt noch Wochen an, und ich stellte mir die Frage, warum ich ein solches Erdbeben ein zweites Mal erleben musste. Warum musste meine Mutter dieses Mal nicht nur um mich, sondern um all ihre Kinder bangen? War das ein Zeichen oder ein Hinweis auf irgendetwas? So sehr ich mir auch den Kopf zerbrach, ich sah keinen Sinn in dieser schrecklichen Katastrophe, sondern schlicht die traurige Tatsache, dass die Türkei – aufgrund ihrer geologischen Lage – nun mal alle zwanzig bis dreißig Jahre von einem schrecklichen Erdbeben heimgesucht wird, und wir hatten das Pech, mal wieder mittendrin zu sein.

Ich war sehr dünnhäutig geworden, bei jeder Erschütterung, die ich mir nicht erklären konnte, stand mir der Schweiß auf der Stirn. Ich kam mir blöd und hysterisch vor. Denn schon ein leichtes Knarren oder Vibrieren des Bodens versetzte mich in Panik. Besonders Lift fahren war die reinste Tortur – prima, dachte ich, Panik vor Aufzügen, und das als Rollifahrerin! Mit einer solchen Phobie konnte ich glatt einpacken.

Dieses Erdbeben hatte mich verändert. Das Wissen, dass einem im Leben zu jeder Zeit alles passieren kann, machte mich noch sensibler, als ich ohnehin schon war. Auch in mir stand kein Stein mehr auf dem anderen. Ich wollte so, wie ich gelebt hatte, nicht mehr weitermachen, also trennte ich mich von allem, von dem ich glaubte, es würde mich in meinem Weiterkommen nur ausbremsen. Ich löste die Beziehung zu Martin, zog alleine in eine andere Wohnung und kündigte meine feste Anstellung in der Produktionsfirma. Ich hatte keine Kraft und keine Lust mehr, mich mit Promis über ihren aktuellen Film, ihre CD oder ihren neusten Roman zu unterhalten. Meine Arbeit kam mir oberflächlich und nutzlos vor. Ich wollte etwas Sinnvolles machen und keine Unterhaltungssendungen mehr vorbereiten, denn nach Unterhaltung war mir schlicht nicht mehr zumute. Über die Konsequenzen, darüber, was es bedeutete, meinen Arbeitsplatz zu kündigen – gerade für mich als Rollstuhlfahrerin –, dachte ich einfach nicht nach. Eine Auszeit hätte vermutlich genügt, aber auf diese Möglichkeit bin ich in dieser Situation nicht gekommen. Nach und nach wurde mir klar, was ich mit meinem unüberlegten Handeln angerichtet und wie sehr ich mir zusätzlich geschadet hatte. Plötzlich stand ich wieder mit nichts da. Die >Beziehung<, die Wohnung, der Job waren gekündigt, neue Perspektiven aber nicht in Sicht. Welche Freiheit ich auch suchte, ich fand sie nicht wirklich. Zwar fand ich recht schnell eine sehr schöne Wohnung und wusste, dass ich zwei oder drei Monate finanziell über die Runden kommen würde – nur, was dann? Ausgerechnet ich, die Kontakte so schlecht in eigener Sache nutzen kann und konnte, war wieder auf der Suche nach Arbeit.

Jetzt musste ich mich als freiberufliche Journalistin durchschlagen, eine ziemlich anstrengende Sache. Ich hatte zwar regelmäßige Aufträge vom Bayerischen Rundfunk, trotzdem musste ich mir unbedingt ein zweites Standbein suchen. Ich brauchte noch andere Redaktionen, für die ich arbeiten konnte. Die Unsicherheit, nicht zu wissen, ob ich über die Runden kommen würde, strengte mich sehr an. Für ein Leben als Freiberuflerin war ich definitiv nicht gemacht, also suchte ich nebenbei wieder eine Festanstellung, fand aber nichts. Ich bekam eine Absage nach der anderen. Ich wurde noch nicht mal zu einem Vorstellungsgespräch eingeladen. War ich wirklich so schlecht oder traute mir einfach niemand etwas zu? War es die Angst, mich eventuell aufgrund meiner Behinderung nicht wieder loszuwerden? Meine größte Sorge war, wieder von Sozialhilfe leben zu müssen, nur weil ich einen Beruf ausüben wollte, den man mit einem Rollstuhl einfach nicht schaffen konnte? Ich sprang über meinen Schatten und telefonierte so ziemlich jede Redaktion durch. Was für ein grässliches, unangenehmes Gefühl, aber es funktionierte – die Aufträge konnten sich sehen lassen. Und bei all dieser Ungewissheit spürte ich trotzdem eine innere Sicherheit und Kraft, die mir Mut machten, nicht aufzugeben.

Meine Perspektive auf das Leben hatte sich geändert. Ich meinte plötzlich zu wissen, was wirklich zählte im Leben – in meinem Leben. Dieses Erdbeben lehrte mich Demut vor dem Leben und Dankbarkeit für alles, was ich bekam. Vielleicht hört sich das in manchen Ohren kitschig an, aber ich wollte fortan einfach nur ein guter Mensch sein und anderen möglichst wenig Kummer bereiten, mich nicht mit ihnen streiten oder ihnen auf die Nerven gehen, weil ich schmerzlich erfahren hatte, dass sich in jedem Augenblick mit einem Schlag alles ändern konnte. Zum Obergutmenschen habe ich es trotzdem nicht gebracht. Aber: Ich bin seither definitiv entspannter und meine Prioritäten sind heute andere.

Meine Auftragslage wurde besser und ich verdiente ganz passabel, trotzdem stresste mich meine kleine Einfraufirma. Das lag daran, dass ich völlig naiv an meine Selbständigkeit herangegangen war und dass ich vor allem keine Ahnung von Steuern hatte. Eine böse Überraschung erlebte ich, als das Finanzamt 5000 Mark von mir haben wollte. Ich kratzte mein Geld zusammen und bezahlte die Steuernachforderung. Anschließend suchte ich mir einen Steuerberater, was schwieriger war, als ich dachte. Dem einen verdiente ich zu wenig, der andere kannte sich mit Journalisten nicht aus. Wie konnte ich meine Festanstellung nur so leichtfertig kündigen, fragte ich mich immer wieder und ärgerte mich über diese unvernünftige Entscheidung. Die geborene Einzelkämpferin war ich nicht. Auch wenn es nie Beanstandungen gab und alle mit meiner Arbeit zufrieden waren, brauchte ich ein Team um mich herum. Ich brauchte Austausch mit Kollegen. Ich war keine Geschäftsfrau und würde auch nie eine werden, so viel stand fest. Ich strebte keine große Karriere an, ich wollte nur einen sehr guten Job machen und von meiner eigenen Hände Arbeit leben, nicht mehr und nicht weniger.

Abschied von Berna

Und dann gab es natürlich noch das Thema Liebe. Berna und ich träumten von der Liebe unseres Lebens. Berna war sehr hübsch, geriet aber jedes Mal an Knalltüten, auf die man wirklich prima verzichten konnte. Irgendwie neidete ich ihr die Verehrer. Auch wenn sie diese meist sehr schnell verschmähte, war sie wenigstens als potenzielle Partnerin gefragt. Ich hingegen kam als Lebenspartnerin überhaupt nicht in Frage. Verstehen konnte ich das natürlich nicht, hielt ich mich doch für eine völlig normale Frau. Das bisschen Rollstuhl, die verbogenen Knochen – sooo schlimm konnte das doch gar nicht sein. Schließlich war ich selbständig, brauchte keinen Ernährer, war blitzgescheit, hatte Witz und Charme, was also konnte man(n) denn mehr wollen? Wann immer ich jemanden kennenlernte, war dieser nach wenigen Tagen auch schon wieder verschwunden oder aber er wollte über mich an seine Traumfrau ran. Und so mutierte ich zum Superkumpel, mit dem man über alles reden konnte und der vielleicht bei der Angebeteten ein gutes Wort einlegte. Ich wollte auch begehrt werden und nicht dauernd zusehen, wie meine Freundinnen mit irgendeinem gutaussehenden Kerl in die Nacht verschwanden. Nicht, dass ich auf flüchtige Bekanntschaften große Lust gehabt hätte, es war nur einfach unglaublich frustrierend, so gar nicht als Partnerin in Frage zu kommen.

In der Zeit, als meine Sehnsucht nach einem Freund besonders groß war, weil alle Freunde und Bekannten heirateten und Kinder bekamen, hätte ich fast jeden genommen, der seinen Kopf nicht gerade unter dem Arm trug. Ich konnte es mir nicht leisten, wie Berna irgendwelche Ansprüche zu stellen.

Doch irgendwann gab ich die vergebliche Suche auf und beschloss, es mir mit mir selbst gemütlich zu machen. Keiner, der mir Vorschriften machte, niemand, der mir reinredete und auf den ich Rücksicht nehmen müsste – wieso um Himmels willen sollte ich diesen glückseligen Zustand aufgeben wollen? Wer braucht schon einen Mann, bitte schön? Jedenfalls wollte ich keinen Freund mehr finden. Ich hatte meine Freunde, meine Familie und Berna – mir ging es gut und alles andere waren Luxusprobleme, die ich mir nicht leisten wollte. Das Thema Liebe war erst mal abgehakt!

Anfang Januar 2002 rief mich Berna an, ich solle mal eben 750 Euro überweisen, sie hätte da ein außerordentliches Schnäppchen gemacht und müsste sofort buchen. Ich fragte sie, wohin wir denn reisen würden. »Überraschung«, war die Antwort. Typisch Berna. So war sie. Sie hatte eine Idee, und mir blieb nur die ehrenvolle Aufgabe, ihr zu vertrauen und einfach »ja« zu sagen. Vertrauen konnte ich, denn in all der Zeit, die wir gemeinsam verreisten, ist nie etwas schiefgegangen und die meisten Urlaubsziele waren für mich in Ordnung. Oft ging es uns auch nur darum, einfach mal rauszukommen. Sie war nun mal vom Fach, also wusste sie auch, wo es besonders schön war.

Abends erfuhr ich dann, dass wir in etwa drei Wochen nach Bali fliegen würden. Bali? Wie um Himmels willen kam sie auf Bali? Bali war bisher nie ein Thema. Aber mir war's recht. Ich hatte Lust auf Urlaub. Drei Wochen später saßen wir dann tatsächlich im Flieger in Richtung Indonesien. Bei unserer Ankunft in Singapur, dem Zwischenstopp, checkten wir im Hotel ein und stellten fest, dass das Zimmer nicht mal für eine Nacht ging, denn ich kam mit dem Rolli nicht ins Bad. Wir reklamierten, und ein netter Boy kam, um uns in ein anderes Zimmer zu begleiten. Berna schleppte das Gepäck, und ich versuchte auf dem unbefahrbaren Teppichboden, der mich stark ausbremste, den beiden hinterherzurollen. Der freundliche Page öffnete die Tür – selbes Zimmer, nur fünf Stockwerke weiter oben. Er telefonierte mit der Rezeption, und weiter ging's. Wieder bemühte ich mich hinterherzukommen und wieder: vom Schnitt das gleiche Zimmer, dieses Mal auf Etage 30. Wieder telefonierte er und wieder stiegen wir in den Lift, um auf Etage 33 erneut vor demselben Problem zu stehen. Wir waren müde, hatten Hunger und einfach keine Lust mehr auf diese Odyssee durch ein gigantisches Hotel. Das Zimmer, das er uns nun geben würde, würde ganz bestimmt passen, versicherte er, da er spürte, dass unsere Geduld erschöpft war. Wieder ging es in den Lift bis in die vierzigste Etage – nach ganz oben. Dieser Gang sah anders aus als die anderen, und plötzlich standen wir in einer Suite mit drei Schlafzimmern, zwei Luxusbädern, einem riesigen Wohnsalon und einem Ausblick über ganz Singapur – wir waren sprachlos und hellauf begeistert, zumal wir keinen Cent zuzahlen mussten.

Berna und ich verstanden uns wie immer blendend. Manchmal wirkte sie allerdings lustlos und traurig, wich mir aber aus, wenn ich sie fragte, was sie bedrückte. Zwei Tage latschten wir durch Singapur. Hier war alles gigantisch. Ein Einkaufscenter nach dem anderen. Auf den Straßen lag nicht ein Fitzelchen Papier herum, ausgerauchte Zigaretten landeten in den überall aufgestellten Aschenbechern und nicht auf dem Gehweg. Man ließ auch besser nichts auf die Straße fallen, denn eine solche – auch nur winzige – Verschmutzung ahndete die Polizei mit einer Geldstrafe.

Bei einer Stadtrundfahrt erfuhren wir allerhand über Singapur und wie rigide der Staat regiert wurde. In Singapur waren die Leute so sehr mit sich selbst beschäftigt, dass sie von meinem Rollstuhl und mir überhaupt keine Notiz nahmen. Weder gingen sie zur Seite noch ließen sie mir irgendwo den Vortritt. Wenn man sich anstellen musste, dann galt das auch für mich – was ja in Ordnung ist. Den zweiten Abend wollten wir auswärts essen gehen. Ein netter Taxifahrer wollte uns in das beste und günstigste Restaurant chauffieren. Vor einem Hochhaus ließ er uns aussteigen, begleitete uns noch zum Lift, drückte Etage 30 und verabschiedete sich. Kaum, dass die Tür aufging, erwartete uns auch schon ein freundlicher Kellner, der uns zu unserem Platz geleitete. An der Küche vorbeirollend, vernahm ich einige Brocken auf Türkisch – glaubte mich aber verhört zu haben. Die Speisekarte schließlich verriet es: Wir waren in einem türkischen Restaurant gelandet. Verrückte Sache. Da flogen wir also bis ans andere Ende der Welt, um mal so richtig gut türkisch zu essen und zu sprechen.

Zwei Tage Großstadt waren genug, und so flogen wir weiter auf die Trauminsel Bali. Am liebsten lagen wir am Strand, beteten die Sonne an und dösten den ganzen Tag vor uns hin. Am späten Nachmittag tummelten wir uns in Boutiquen und kauften ein, was das Zeug hielt. Vor allem Berna kaufte ein. Sie konnte das auch. Sie konnte anziehen, was sie wollte, es passte garantiert. Während bei mir die meisten Blusen wie Rettungswesten aussahen, weil sich die Schultern nach oben zogen oder mir der Kragen über die Ohren reichte. Außerdem betonten die meisten Klamotten meinen tollen ›geraden‹ Oberkörper. Oft waren die Ärmel viel zu lang und hingen wie lange Schnüre herunter, und wenn ich sie hochkrempelte, hatte ich eine dicke Stoffwurst an den Handgelenken. Auch Schuhe gab es für mich keine – wo ich Schuhe doch so klasse finde. Aber welche Frau mit damals fast Mitte dreißig möchte noch Micky Maus, Schleifchen oder rosa Glitzerstaub auf den Schuhen haben? Ich begnügte mich damit, Berna die Klamotten in die Kabine zu reichen und ihr jedes Mal ein freudiges »sieht phantastisch aus!« zuzurufen. Ich kaufte Mitbringsel für die Lieben daheim oder irgendetwas vermeintlich Nützliches ein. Vierzehn Tage später flogen wir gut erholt und gut gelaunt wieder nach Hause. Wir trafen uns nach wie vor jedes Wochenende und telefonierten jeden Tag – alles wie gehabt. Ein paar Wochen nach unserer Rückkehr aus Bali beschlich mich eine unbeschreibliche innere Unruhe. Ich war übellaunig, gereizt, schlief schlecht und träumte wirres Zeug. Ich saß klatschnass an einem reißenden Fluss, es donnerte, blitzte und regnete. Der Himmel war ganz schwarz und ich versuchte ständig in den Sarg zu schauen, der vor mir aufgebahrt war. Der Sarg war allerdings so hoch, dass ich nicht erkennen konnte, wer darin lag, also zog ich mich etwas hoch und erspähte nur eine lange, dunkle, lockige Haarsträhne, Haare, die Bernas sehr ähnlich waren. Ich fuhr aus dem Schlaf hoch, war nass geschwitzt und völlig aufgewühlt. Es war fünf Uhr morgens, da konnte ich Berna ja wohl kaum aufwecken. Eine Stunde später rief ich an und erzählte ihr von diesem Traum. Sie lachte nur und machte sich lustig über mich und meine schräge Phantasie. Ich möchte damit nicht sagen, dass ich seherische Fähigkeiten habe, aber das war schon ziemlich gruselig. Ich sorgte mich fortan und hatte Angst, irgendjemand aus der Familie könnte zu Tode kommen.

Vier Monate später. Es war ein unglaublich heißer Tag. Vormittags war ich im Studio, um eine Sendung aufzuzeichnen, den Nachmittag wollte ich mit meiner Schwägerin Cigdem verbringen. Aykut packte gerade Schwimmreifen, Badetücher, Sonnencreme sowie Elif und Gözde ein, um mit den beiden Mädels schwimmen zu gehen. Cigdem und ich wollten uns in ein Eiscafé setzen und uns einen schönen Nachmittag machen. Gerade als wir aufbrechen wollten, läutete das Telefon. Cigdems Gesicht wurde kreidebleich. Irgendetwas Schlimmes war passiert, das sah ich ihr an. Mein Cousin war am Telefon und sagte, Berna hätte sich vom Balkon gestürzt. »Von welchem Balkon«, fragte ich verwirrt. Sie wohnten Hochparterre. Ich ging davon aus, dass sie unglücklich aus dem Fenster gefallen war und nun mit Knochenbrüchen im Krankenhaus lag. Ich hörte einfach nicht zu, als Cigdem versuchte, mir zu erklären, dass Berna sich das Leben genommen hatte. Sie war zu einem Hochhaus gefahren und hatte sich aus dem elften Stock hinuntergestürzt. Ich wollte davon nichts wissen. Mein Cousin musste etwas falsch verstanden haben. Ich hatte Berna ja noch vor ein paar Tagen gesehen und zwei Tage vorher noch mit ihr telefoniert. Sie war zugegebenermaßen nicht wirklich gut drauf in letzter Zeit, und ich hatte mir vorgenommen, mich wieder intensiver um sie zu kümmern, wenn ich etwas mehr Luft bei meiner Arbeit hatte. Was hatte ich da nicht mitbekommen? Keine zehn Minuten später kehrte Aykut, den Cigdem sofort anrief, fassungslos zurück. Das Telefon läutete ständig und jeder wollte wissen, ob das, was er gerade erfahren hatte, wahr war. Wir fuhren sofort nach Freising. Ich war immer noch fest davon überzeugt, dass Berna dumm gefallen war und den Sturz in jedem Fall überlebt hatte. Was sollte denn das auch für eine Welt, für ein Leben ohne sie sein?

In der Türkei ist es Tradition, sich im Hause des Verstorbenen zu versammeln und den Hinterbliebenen Trost zu spenden. Unzählige Freunde und Bekannte kamen, um Bernas Brüdern beizustehen. Ihre Eltern waren in der Türkei und wussten noch nichts von dem tragischen Unglück. Da man eine solche Nachricht unmöglich telefonisch übermitteln konnte, wurde ein Cousin vor Ort gebeten, zu den Eltern zu fahren und es ihnen beizubringen.

In der Zeit der Trauer zogen sich viele Freunde zurück. Sie konnten mit meinem Schmerz nicht umgehen, und ich konnte mich nur schwerlich zusammenreißen. Ich hatte immer das Bedürfnis, über sie zu reden – klar, dass andere darauf keine Lust hatten. Sie wollten ablenken und trösten, aber in so einer Situation ist man untröstlich, und nichts, kein noch so guter Wille dringt zu einem durch. Wie also sollten sie mich verstehen, wenn ich selbst nicht wusste, wie ich diesen Verlust je überwinden sollte.

Ein halbes Jahr nach ihrem Tod beschloss ich, eine Therapie zu machen, denn ich fürchtete verrückt zu werden oder zu vereinsamen, denn außer zu Aykut, Baykut, meiner Schwester Yücel und ihrer Familie hatte ich kaum noch Kontakt zu anderen – ich wollte niemanden sehen. Und bei meiner Familie wusste ich, dass sie ebenso um Berna trauerte wie ich. Schnell fand ich eine Therapeutin, die mir sympathisch war. Ich hatte die Hoffnung, dass sie mir irgendeine Hilfe an die Hand geben könnte, mit der ich diesen immensen Verlust verarbeiten konnte, oder dass ich wenigstens lernen würde, damit umzugehen. Die ersten Stunden sprachen wir über alle möglichen Dinge, doch sobald wir auf meine Cousine zu sprechen kamen, standen nicht nur mir die Tränen in den Augen, sondern auch ihr, was mich sehr betroffen machte. Ich wollte sie schließlich nicht traurig machen. In den folgenden Sitzungen sollte ich einen Teddybär mit einem Tuch abdecken, Schnüre als Lebenswege auslegen, mir aus einer Ramschkiste irgendwelche Topflappen, Puppen, Spielzeugautos, eine Haarspange und anderes Zeug heraussuchen und irgendetwas damit assoziieren. Diese Aufgabe fiel mir reichlich schwer, denn war ein Topflappen nicht einfach ein Topflappen und ein Auto nicht ein Auto? Also saugte ich mir irgendetwas aus den Fingern. Ich spielte mit, weil ich noch nicht absehen konnte, wohin das führen und welchen Sinn das Ganze ergeben würde.

Die Therapeutin bat mich, ihr zu vertrauen, sie habe viel Erfahrung mit dieser Methode und ich sei auf einem guten Weg. Genau dieses Gefühl hatte ich aber beim besten Willen nicht. Als ich eine Woche später wieder den nach Patschuli duftenden Raum mit den sphärischen Klängen und den brennenden Kerzen betrat, meine Therapeutin mir wieder diese Kiste mit dem Ramsch hinhielt und mir diesen dämlichen Teddybären, den ich das letzte Mal abdecken musste, auf den Schoß setzte und mich fragte, für was dieser und jener Gegenstand in meinem Leben stehen könnte, wusste ich, dass sie mir nicht helfen konnte. Diese Spielchen brachten mich nicht weiter. Ich stand ganz kurz davor, in das tiefste und schwärzeste Loch aller

Löcher zu fallen. Ich balancierte haarscharf am Abgrund entlang, und sie wollte, dass ich Teddybären mit schwarzen Tüchern abdeckte oder mich auf eine grüne Wiese träumte. Schon lange ging es mir auf die Nerven, dass sie jedes Mal mit mir mitheulte. An wen war ich da nur geraten, wieso hatte ich mich nicht besser informiert über eine Therapie? Ich war ziemlich sauer auf mich, dass ich auf so einen unseriösen esoterischen Kram hereingefallen war. Den nächsten Termin sagte ich ab und meldete mich nie mehr bei ihr.

Ich suchte mir einen neuen Therapeuten und dieses Mal ging ich zu einem ›echten‹ Arzt. Er war nicht nur Arzt, sondern Homöopath und Psychologe in einer Person. Die Kombination fand ich ansprechend, also suchte ich ihn auf. Herr Doktor ruhte ziemlich in sich. Kein Unsympath – im Gegenteil, ich mochte seine Art. Aber leider rechnete er seine Psychostunden nicht mit der Kasse ab, sondern mit den Patienten direkt, und das hatte seinen – ziemlich gesalzenen – Preis. Er machte mir eine Art Kostenvoranschlag, überschlug die Anzahl der Stunden und sagte mir, was mich seine Hilfe am Ende kosten würde. Ich schluckte, war aber bereit, alles zu tun, damit ich endlich wieder mein Leben führen konnte, ohne schlechtes Gewissen und schmerzhafte Traurigkeit. Außerdem war er mir als brillanter Psychologe und Arzt empfohlen worden. Ich hoffte einfach, dass er sein Geld schon wert war. Einige Sitzungen und mehrere hundert Euro später verkündete er mir, dass ich gar keine Hilfe bräuchte, sondern Zeit. Ich wäre so klar und so reflektiert, dass mir niemand helfen könne. Mit dem Geld, das ich ihm Woche für Woche über den Tisch schob, sollte ich mir lieber etwas Schönes gönnen, mir etwas Gutes tun. Bei diesen Sitzungen würde ich das Geld praktisch direkt aus dem Fenster werfen. Natürlich könne er die Therapie weiterführen, aber sie würde keinen Erfolg haben. Er gab mir ein Fläschchen mit Globuli, drückte mir das Buch »Das Drama des begabten Kindes« in die Hand und empfahl mir, es zu lesen, danach sei mir vieles sehr viel klarer. Es sei nichts Auffälliges an mir, das man therapieren müsste. Erstaunlich, für das, was ich im Leben alles schon durchgemacht hätte, meinte der grauhaarige Mann mit dem väterlichen Lächeln und dem sanften Händedruck. Er wünschte mir alles Gute, versicherte mir, dass ich jederzeit wiederkommen könnte, und schloss die Tür hinter mir zu. Ich war überrascht und ein bisschen amüsiert zugleich. War ich ein hoffnungsloser, völlig verkorkster Fall, dem man einfach nicht mehr helfen konnte, oder attestierte er mir eine Persönlichkeit, die stark genug war, das alles zu überleben? Letzteres gefiel mir besser und auch seine Offenheit beeindruckte mich. Ich verließ die Praxis, ging in die Stadt und haute das Geld auf den Kopf. Außerdem beschloss ich, die Zeit für mich arbeiten zu lassen. Was Psychologen betraf, war ich vorerst kuriert.

Zwei Jahre dauerte es, bis ich nicht mehr jeden Tag an Berna dachte, ihre Entscheidung respektieren konnte und mir selbst keine Vorwürfe mehr machte. Aber die Lücke, die sie hinterlassen hatte, war riesig. Viele, viele Wochenenden verbrachte ich fortan allein und fühlte mich sehr, sehr einsam und verlassen. Ich wollte mich nicht ständig zu meinen Geschwistern aufs Sofa setzen, bloß um nicht alleine zu sein. In diesen Momenten wünschte ich mir wieder sehr einen Menschen an meiner Seite, der aber nicht kam.

Beruflich lief es sehr gut. Ich hatte einige Redaktionen beim Bayerischen Rundfunk und zwei Produktionsfirmen, die mir regelmäßig Aufträge gaben. Ein Jahr später bekam ich dann endlich das Angebot für eine Mitarbeit an einer täglichen Livesendung im Bayerischen Fernsehen. Anfangs hatte ich wieder mit Prominenten zu tun, die ich in die Sendung einlud und mit denen ich vorab die Gespräche führte. Heute sind es die sogenannten Normalos, die wir einladen. Menschen und ihre Geschichte, das ist genau mein Ding. Das macht mir Spaß und ich habe, ohne mich groß loben zu wollen, schnell einen guten Draht zu ihnen, meistens jedenfalls. Seit acht Jahren arbeite ich nun in dieser Redaktion, habe wirklich großartige Kollegen und einen tollen Chef, der mir jede nur denkbare Entlastung, was meine Behinderung betrifft, zukommen lässt, damit ich meine Arbeit weiterhin gut machen kann. Wie lange ich körperlich dieses Tempo noch halten kann, weiß ich nicht. Dass mir die Kräfte aber nicht mehr unbegrenzt zur Verfügung stehen, spüre ich langsam sehr wohl. Ob ich bis ins Rentenalter noch arbeiten kann, hängt auch davon ab, wie sich meine Behinderung weiterentwickeln wird. Wenn ich darüber nachdenke, bekomme ich Angst, denn ich liebe meinen Beruf und es würde mir wahnsinnig viel ausmachen, wenn ich nicht mehr arbeiten könnte. Wenn ich keinen Kontakt mehr zu Menschen hätte, die mir ihre Geschichten erzählen. Geschichten, die mir mein eigenes ›Schicksal‹ und Leben wie einen Spaziergang erscheinen lassen. Mir würde die Studioluft fehlen, meine Kollegen – einfach alles. Aber an das, was mal sein könnte, will ich jetzt gar nicht denken, denn noch läuft es, und ich werde auch weiterhin alles geben, um meine Arbeit gut zu machen.

Die Bestellung

Dass ich partnerlos durchs Leben ging, machte meinen Freunden oft mehr aus als mir selbst. Klar träumte ich noch ab und zu davon, jemanden an meiner Seite zu haben – nur, wo sollte ich diesem Jemand begegnen? Eine Freundin riet mir, mir meinen Traummann im Universum zu bestellen. Sie bestelle alles Mögliche aus dem Universum. Auf einiges habe sie zwar auch lange warten müssen, aber irgendwann bekam sie alles geliefert, versicherte sie mir. Aha, dass ich da nicht schon eher drauf gekommen bin. Ich fand die Idee lustig und albern, macht meine Scherze, ertappte mich aber nachts, wenn ich mal wieder nicht schlafen konnte, dabei, wie ich meine ›Bestellung‹ vom Traummann aufgab. Er dürfte nicht allzu groß und müsste unbedingt intelligent sein! Besitz und Reichtum war mir völlig egal, trotzdem aber sollte er sein eigenes Geld verdienen und fest im Leben stehen. Ich bestellte mir einen gepflegten, vielseitig interessierten Mann. Außerdem sollte er einfühlsam und überhaupt ein angenehmer Zeitgenosse sein, und vor allem sollte diesem Mann mein Aussehen völlig egal sein. Er sollte sich mit meinen inneren Werten begnügen können. Spätestens an dieser Stelle machte sich Resignation breit, dann drehte ich mich um, stornierte meine Bestellung im Universum und schlief lieber ein. Bei all den Ansprüchen, die ich hatte, hatte ich das Gefühl, im Gegenzug kaum etwas bieten zu können. Ich konnte weder mit einer super Stellung im Job noch mit Geld locken. Ich besaß kein Haus, hatte kein großes – eigentlich überhaupt kein – Erbe zu erwarten und mein Auto musste ich auch noch abbezahlen. Noch nicht mal materiell gesehen war ich eine gute Partie. Sollte es tatsächlich einen Menschen geben, der all das ›ertragen‹ würde, dann wäre mit ihm sicher etwas nicht in Ordnung, und auf einen Durchgedrehten konnte ich gut verzichten.

Jedes Mal, wenn meine Freundin mich traf, fragte sie, ob die ›Bestellung‹ schon eingetroffen sei. Für eine Bestellung aus dem Universum, erklärte sie mir, sei es sehr, sehr wichtig, genau zu beschreiben, was man möchte. Außerdem dürfe man diese Bestellung nur einmal abschicken, und man müsse sich davor hüten, jeden Abend nachzufragen, wann denn endlich geliefert würde! Wenn dieser Traummann noch immer nicht in Sicht sei, läge es an meiner falschen Bestellung. Ich nahm mir ihre Anleitung zu Herzen, formulierte noch einmal genau meinen Wunsch und bat um eine eilige Lieferung. Schaden konnte es ja nicht.

Andere Freunde betätigten sich verstärkt als Vermittlungsbörse. Sie schenkten mir zu Geburtstagen Bekanntschaftsanzeigen oder setzten mich bei Feiern neben einen Mann, von dem sie glaubten, er wäre nicht ganz so oberflächlich und würde sich vielleicht die Mühe machen, sich mit meinem Wesen zu befassen. Diese gezielten Verkupplungsbemühungen waren mir peinlich, so dass ich diese Feste lieber mied. Jeder hatte einen Tipp, der nicht funktionierte. Wieso waren sie alle so bemüht darum, dass ich endlich einen Partner fand?

Doris meinte, ich sollte es übers Internet versuchen. Super, eine weitere Möglichkeit, sich Enttäuschungen einzufangen, oder noch schlimmer, auf einen Irren zu treffen. Ich war entsetzt von dieser Idee. So nötig hatte ich es wirklich nicht. Lieber blieb ich alleine, als dass ich so tief sinken würde. Doris fand meine Argumente reichlich blöd und sah keinen Unterschied zu einer Anzeige in der Zeitung, die ich im Übrigen nie aufgegeben hatte.

Über meine Arbeit für das Fernsehmagazin »grenzenlos« lernte ich Charly kennen. Charly hatte sein Vier-Sterne-Hotel in Tirol vor Jahren behindertengerecht umgebaut und stellte es in unserer Sendung vor. Sofort wurden wir Freunde, und ab und zu fuhr ich an den Wochenenden ins Kaunertal und genoss das Hotel, das Essen und nutzte die tolle Wellnessanlage. Und manchmal, wenn Charly Zeit hatte, setzte er mich in seinen Beiwagen und wir pesten mit dem Motorrad durch die Lande. Das fand ich ja noch ziemlich lustig. Später schlug er mir vor, ich sollte mich mal auf ein Motorrad hinten draufsetzen. Wollte er mich umbringen? Noch bevor er einen Meter gefahren wäre, wäre ich runtergefallen wie ein Stein. Charly war ja kein Blödmann und auch kein verantwortungsloser Typ, was mir klar war, nur wie stellte er sich das vor und warum wollte er, dass ich dieses vermeintliche Gefühl von Freiheit selbst erlebe? Für mich kam Motorradfahren natürlich nicht in Frage, bis er mir das Gefährt zeigte, mit dem er losbrausen wollte. Das Ding sah eher aus wie ein gemütliches Sofa, schön gepolstert. Er setzte mich drauf, schnallte mich fest und los ging es. Rauf auf den Berg über Serpentinen und wieder runter. Während er das Gefühl von Freiheit genoss, schrie ich mir die Seele aus dem Leib. Für meinen Geschmack fühlte sich diese Tour so gar nicht nach Freiheit an. Ich ahnte zwar, welche Faszination Motorradfahren auf manche Menschen ausübte – für mich war das definitiv nichts.

An diesem Abend lernte ich beim Abendessen ein Ehepaar kennen. Sie war Ärztin und er saß wegen eines Skiunfalls bereits im Rollstuhl, als sie sich via Internet kennengelernt hatten. Liebe auf den ersten Blick sei es gewesen und ohne Internet wären sie sich nie im Leben begegnet. Ich sah mir die Frau genauer an, was stimmte mit ihr nicht, dass sie sich für einen behinderten Mann entschieden hatte, der gerade noch seinen Kopf bewegen konnte? Auf den ersten Blick konnte ich nichts Merkwürdiges an ihr feststellen. Dann dachte ich, dass es an der Rollenverteilung liegen musste, Frauen sind da möglicherweise viel entspannter und nicht so oberflächlich wie Männer. Ich hörte mir ihre Geschichte an und war begeistert. Na ja, dachte ich, vielleicht zappelte ja meine große Liebe auch irgendwo im world wide web herum, wer weiß das schon.

Trotzdem dauerte es noch ewig, bis ich mich an den Computer setzte und mich auf die Suche nach meinem Traummann machte. Ich war im Krankenstand, weil ich mir beim Verladen des Rollstuhls ins Auto eine Hernie zugezogen hatte und diese genäht werden musste. Ich hatte also genug Zeit und mächtige Langeweile. Ich war überrascht, wie schnell man über das Internet Kontakt bekam, noch überraschter war ich, dass im Netz scheinbar nur Prachtexemplare von Männern unterwegs waren. Sie trumpften derart auf, dass ich mich fragte, warum all diese Kerle niemand haben wollte. Während ich völlig naiv wahrheitsgetreu antwortete, tischten sie mir einen Schwachsinn nach dem anderen auf und widersprachen sich immerzu. Dass im Netz gelogen und betrogen wurde, das kapierte ich recht schnell. Man ›traf‹ dort wirklich alle Kaliber – Ärzte, Rechtsanwälte, Physiker bis hin zum LKW-Fahrer. Mich interessierte irgendwann nur noch die Frage, warum sie übers Netz nach einer Partnerin suchten. Mich interessierten die Menschen hinter den nicknames, während sie keinen Bock hatten, sich von mir ausfragen zu lassen. Sie wollten möglichst schnell herausfinden, ob ich die Traumfrau war, nach der sie suchten. Ich nahm das Ganze mit Humor, denn mir war klar, im www konnte man sich allerhand Problemfälle anlachen, mit Sicherheit aber keinen Partner fürs Leben finden. Wirklich authentisch waren die wenigsten. Mal abgesehen davon, dass mich einige sofort für weitere Kontaktaufnahmen sperrten, wenn ich von mei-

215

nem Rollstuhl berichtete. Über diesen Weg jemanden zu finden, war ganz und gar ausgeschlossen, also ließ ich es bleiben. Vorerst jedenfalls.

Ich wollte mich lieber auf meine Operation konzentrieren, vor der ich mächtig Angst hatte, denn meine letzte OP war 25 Jahre her. Ich bildete mir ein, nie wieder aus der Narkose aufzuwachen. Ich ›checkte‹ also im Krankenhaus ein und wunderte mich, dass der Arzt meinen Bauch gar nicht untersuchte, vertraute aber darauf, dass er schon wissen würde, was er da tat. In den OP-Saal geschoben zu werden, war genauso schrecklich, wie ich es mir vorgestellt hatte. Und als ich aufwachte, war mir genauso übel wie damals bei meinen Operationen als Kind. Ich hasste es, dazuliegen und erst einmal stundenlang zu erbrechen. Ich war völlig benebelt, als mich die Schwester wieder aufs Zimmer schob und verschwand. Am Abend forderte sie mich auf, das Bett zu verlassen, weil es dem Kreislauf nicht guttäte, so lange rumzuliegen. Ich konnte allerdings meinen Rollstuhl nirgends entdecken und fragte sie schließlich danach. »Nee, nee, nix Rollstuhl, Sie brauchen keinen Rollstuhl, stehen Sie ruhig auf.« Hä? Wurde ich gar nicht am Bauch operiert, sondern komplett geheilt? Belämmert von dem Gift in meinem Körper, fragte ich nach, warum ich keinen Rollstuhl mehr bräuchte. »Weil man nach so einem Minieingriff überhaupt keinen Rollstuhl braucht«, so ihre Antwort. Entweder war diese Frau nicht ganz bei Trost, oder aber ich hatte den Verstand verloren – irgendetwas stimmte hier nicht. Wir sahen uns blöd an. Sie verstand mich nicht und ich sie ebenso wenig. Bis endlich klar war, dass sie nicht wusste, dass ich nicht laufen konnte. Dann machte sie sich, peinlichst berührt, schleunigst auf die Suche nach meinem Rollstuhl.

Am nächsten Morgen spazierte der Herr Doktor nonchalant ins Zimmer, erklärte, dass die Operation zwar sehr gut verlaufen sei, dass sie aber völlig überflüssig gewesen war, weil ich gar keine Hernie hatte, und entließ mich nach Hause. Wie? Überflüssig? Keine Hernie? Was redete er da für ein Zeug? Ich bat um eine Erklärung. Es gäbe nichts zu erklären, ich hätte mir da wahrscheinlich etwas eingebildet. Und was war mit den Ultraschallbildern, dem CT, der Diagnose meines Arztes? Er ging auf all das gar nicht ein, wünschte mir gute Besserung und verschwand keine dreißig Sekunden später ebenso gut gelaunt, wie er gekommen war.

Bei der Nachuntersuchung wies ich darauf hin, dass ich an derselben Stelle immer noch Schmerzen hätte. Ach, das seien Wundschmerzen, völlig normal. Wundschmerzen an einer ganz anderen Stelle? Na gut, vielleicht hatte die Ärztin ja recht. Ich hatte schließlich nicht Medizin studiert, sondern sie. Zehn Tage später sollten die Fäden gezogen werden. Wieder wies ich auf die Hernie hin, ich spürte sie schließlich ganz deutlich. Ich konnte mit dem Finger direkt in das Loch in meiner Bauchdecke drücken. Doch ich wurde wieder abgekanzelt. Es sei alles in Ordnung! Ich war wieder dermaßen eingeschüchtert, dass ich mich gegen diese herablassende Art nicht wehren konnte.

Mein Hausarzt stellte ein paar Tage später fest, dass ich an der falschen Stelle operiert wurde. Tatsächlich war in dem Bereich, wo der smarte Doktor aufgeschnitten hatte, keine Hernie, die war nämlich etwas weiter oberhalb des Bauchnabels. Warum er aber weiter unterhalb operierte, wird wohl sein ewiges Geheimnis bleiben. Durch diesen Murks war ich gezwungen, weiterhin zu Hause zu bleiben, und was noch viel schlimmer war, ich sollte in ein paar Wochen erneut operiert werden. Ich machte mir Sorgen, denn mein Arbeitsvertrag lief in wenigen Monaten aus. Was, wenn er nun nicht verlängert werden würde, nur weil nicht abzusehen war, wann ich wieder zur Arbeit kommen konnte. Ich war schließlich nicht fest angestellt. Und das alles nur, weil einer seine Arbeit nicht ordentlich gemacht hatte. Ich war so wütend auf diesen Arzt und die Klinik, dass ich beschloss, mir das nicht gefallen zu lassen und sie zu verklagen. Was ich auch tat. Ich suchte mir eine Anwältin, die das Beste für mich herausholen sollte. Schließlich lief es auf einen Vergleich hinaus. Die Gegenseite musste mir einen relativ überschaubaren Betrag überweisen und die Sache war damit erledigt. Ich war, wie man so schön sagt, als Tiger gestartet und als Bettvorleger gelandet.

Über drei Jahre verteilt folgte die zweite, dritte und vierte Operation, weil ich mir ständig beim Verladen des Rollstuhls erneut den Bauch aufriss. Irgendwann wurde ein Netz eingenäht, seitdem habe ich endlich Ruhe. Auch wurde eine Hebevorrichtung in mein Auto eingebaut, so dass ich meinen Rollstuhl nicht mehr selbst hineinwuchten muss.

Zwischen all den Krankenhausaufenthalten wurde dann irgendwann meine ›Bestellung‹ geliefert, an die ich schon gar nicht mehr gedacht und geglaubt hatte. Plötzlich war er da, der Mann meines Lebens. Doris hatte mir immer noch mit ihrem Internet in den Ohren gelegen und als ich mich in meiner Rekonvaleszenszeit langweilte, surfte ich wieder los und diskutierte in Foren mit. Ich nahm es nicht ernst – und dann passierte es. Axel hatte sich direkt in mein Herz getippt. Komisch nur, dass wir uns nicht schon früher über den Weg gelaufen sind, denn wir hatten gemeinsame Bekannte.

Er war genauso, wie ich ihn mir vorgestellt hatte. Wahnsinnig intelligent, witzig, einfühlsam, gepflegt und nicht allzu groß. Und er behauptete allen Ernstes, mich so zu lieben und zu respektieren, wie ich war. An meine Größe würde er sich schon gewöhnen, denn klein sei ich wirklich. Ich sei nun mal ein Gesamtkunstwerk, da käme es auf Details nicht an, meint Axel. Was hatte ich mir denn da für einen an Land gezogen? Was stimmte mit ihm nicht? Er hat doch alles, was Frau sich nur wünschen kann? Das Problem musste also in seiner Vergangenheit liegen. Ich würde mit meiner journalistischen, riesigen Spürnase schon hinter sein finsteres Geheimnis kommen. Aber ich fand nichts, sosehr ich mich auch mühte, da war nichts, was gegen ihn sprach. Aus Angst vor Enttäuschung benahm ich mich anfangs richtig blöd. Es wundert mich, dass er da nicht die Flucht ergriff, sondern meine Ignoranz ertrug.

Eine Beziehung zu führen, muss schließlich auch gelernt sein. Es dauerte einige Zeit, bis ich mich auf ihn einlassen und ihm vertrauen konnte. Jetzt musste ich meine neue Partnerschaft bloß noch meiner Familie beibringen. Denn meine türkischen Wurzeln, die Kultur und die Liebe zu diesem, meinem ursprünglichen Land, verleugnete ich schon lange nicht mehr, sie waren ein gleichwertiger Teil von mir. Obwohl ich nicht nach den Regeln lebte, hatte ich inzwischen einen sehr guten Weg gefunden, mich und meine Familie zu respektieren. Ich machte mir mal wieder zu viele Gedanken, denn meine Geschwister und meine Mutter schlossen meinen Axel gleich und direkt in ihr Herz, und er gehörte schnell zur Familie, auch wenn wir nicht verheiratet sind. Seit sechs Jahren pendeln wir nun zwischen München und Stuttgart hin und her – eine kleine Unachtsamkeit bei meiner Bestellung. Es ist nicht besser als nichts, es ist das Beste, was mir in dieser Hinsicht jemals passiert ist. Mal sehen, was das Leben noch so bereithält für uns. Jedenfalls gibt es das tatsächlich, dass man geliebt wird, wie man ist. Das macht mich wirklich zu einem Glückspilz.

Ab und zu werde ich gefragt, woher ich all die Energie nehme und wie ich das alles geschafft habe und noch schaffe. Dann antworte ich: mit viel Unterstützung von Menschen, die keine Probleme mit meiner Behinderung hatten und mir trotzdem etwas zutrauten. Und durch meinen Glauben an mich selbst und meine Hoffnung auf ein gutes Leben, die ich nie aufgegeben habe. Um es mit Beethoven zu sagen: »Die Hoffnung nährt mich, sie nährt ja die halbe Welt und ich habe sie mein Lebtag zur Nachbarin gehabt, was wäre sonst aus mir geworden.« Der alte Herr muss diese Worte für mich geschrieben haben – ganz gewiss, denn Hoffnung war immer mein Motor.

Dank

Ich danke meinen Eltern, meinen Geschwistern, Schwägerinnen, Schwagern, meinen Nichten und Neffen für den Zusammenhalt und Respekt, meinem Freund Axel, der mein Leben noch schöner gemacht hat, und Doris, meiner ehrlichsten Beraterin und besten Freundin.

Ohne Sonja Kochendörfer, Fidelis Mager und Mercedes Riederer wäre ich heute keine Journalistin – danke!

Ich danke meinen Kollegen der Redaktion »Wir in Bayern« und meinem ›Chefe‹ Wolfgang Preuß – für das Arbeiten auf Augenhöhe.

Ein ganz besonders herzlicher und großer Dank gilt meiner tollen Lektorin Heike Hermann, ohne die es dieses Buch nicht geben würde.